U0736856

孩子情商高
才能成大器

培养高情商孩子的七个关键词

方 鱼 ◎ 著

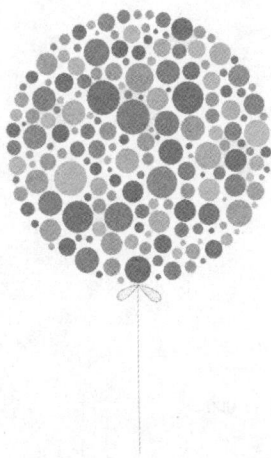

天津出版传媒集团

天津科学技术出版社

图书在版编目（CIP）数据

孩子情商高，才能成大器：培养高情商孩子的七个
关键词 / 方鱼著. -- 天津：天津科学技术出版社，
2019.5

ISBN 978-7-5576-6293-6

Ⅰ . ①孩… Ⅱ . ①方… Ⅲ. ①儿童－情商－能力培养
－研究 Ⅳ . ①B842.6

中国版本图书馆CIP数据核字(2019)第069225号

孩子情商高，才能成大器：培养高情商孩子的七个关键词
HAIZI QINGSHANG GAO　CAINENG CHENG DAQI　PEIYANG GAO QINGSHANG HAIZI DE QIGE GUANJIANCI
责任编辑：方　艳

出　　版：天津出版传媒集团
　　　　　天津科学技术出版社

地　　址：天津市西康路35号

邮　　编：300051

电　　话：（022）23332695

网　　址：www.tjkjcbs.com.cn

发　　行：新华书店经销

印　　刷：天津盛辉印刷有限公司

开本 880×1230　1/32　印张 6.5　字数 11 000

2019年5月第1版第1次印刷

定价：59.00元

没有高情商，哪有好未来

文/徐宏丽

"熊孩子"这个词出现的频率越来越高，在公共场合打闹、抢夺他人物品、发脾气、乱扔东西等行为，并不是孩子调皮的天性使然，而是家长管教不力，没有培养出高情商的孩子。

高情商的孩子懂得控制自己的情绪，有很强的责任心，不会动不动就发脾气，家长管教起来也更轻松。

高情商对一个人而言有多重要？

高情商的人能结交到更多朋友，人缘更好，因此高情商的人就算遇到困难，也能靠着别人的帮助更快地解决问题。这点在孩子上学时表现得尤为明显，高情商的孩子会受到同学、老师的喜爱，在友好的环境中，孩子自然会变得越来越热爱学习、喜欢上学。

反之，情商低的孩子容易因为交不到朋友而变得孤僻、内向，不愿与人交流，久而久之，可能会被老师、同学忽略，造成厌学心理。

孩子在小时候已经落后了那么多，还谈什么美好的未来？还谈什么成功的人生？

那么，如何才能培养孩子的高情商呢？

《孩子情商高，才能成大器》全方位指导家长们对孩子的情商培养，理论与案例相结合，让家长不仅了解原理，还可以通过案例知道如何实践。

读完这本书，相当于进行了一个完整的孩子情商培养体验。

本书作者方鱼是高级家庭教育指导师，多平台专栏作家，著名育儿课程专家。她专注家庭教育十余年，潜心钻研儿童心理学，开创出独有的家庭教育理论。她也是双商教育理论倡导者，倡导对孩子实行智商情商双轨教育，双商互补成长，让孩子建立更健全的成长体系。帮助过上万名家长解决家庭教育问题。

她撰写本书是为了让"熊孩子"少一点，"好孩子"多一点。家长越重视情商教育，孩子的未来就越有保障。

目录
Contents

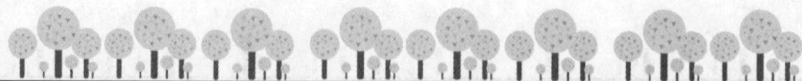

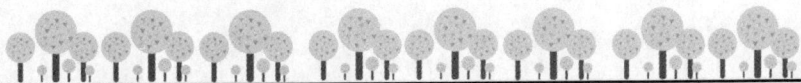

◉ 第六章 第五个关键词：爱心

◉ 第七章 第六个关键词：独立

● 第八章 第七个关键词：自控力

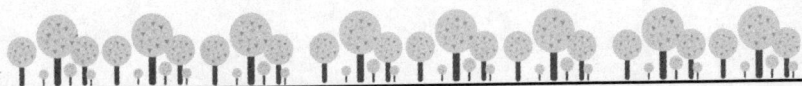

第一章

情商，带来长久的成功

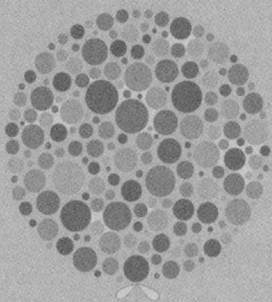

穷养富养，都不如教养

在说穷养富养，不如教养之前，我们需要知道什么是穷养，什么是富养。前段时间有一句话特别流行：穷养儿子，富养女。

先解释穷养儿子的意思，对于儿子，哪怕你家庭条件好，也要穷养。为什么？因为害怕儿子养成奢侈、浪费的习惯，所以培养他勤俭、朴实、节约的习惯，让他在困难的环境中锻炼自己的意志力。这句话的本意其实是好的，只是大家在做的时候，常常有误解的地方，从而用了一些错误的教导方式。

比如，我看过一个小故事，说的是学生们上完体育课特别热，有一些同学跑去商店买冰淇淋吃。但是小强没有去，因为妈妈没有给他零花钱。妈妈说："你带个杯子去学校接水就好了，买冰淇淋吃不是还要花钱

吗？"妈妈想培养孩子节约的好习惯。只是没有想到，因为养成了习惯，妈妈培养出来的"节约儿子"，处处节约，在不该省钱的地方也要省钱。

秋游的时候，老师带孩子们出门游玩。天忽然下雨了，旁边就有商店在卖伞。

老师说："大家都去买把伞吧。"

可是只有少数几个孩子跑去买伞了，其他的孩子都不愿意去买，其中就有小强。因为孩子们想，家里面有很多伞，买一把伞只打一会儿。而且游玩的地方东西特别贵，花那么多钱买一把伞，不值得。

看到这一群节约的小朋友，老师很着急。不买伞，淋了雨，孩子们容易生病，而且看病的钱比买一把伞的钱更贵。老师一声令下："所有人都必须去买伞，这是命令。"孩子们才不情不愿地去买伞。

老师还在群里面跟家长说了这件事，告诉家长："你们平时培养孩子节约是对的，只是要让孩子分清楚情况，像这样的节约是没有必要的。"

富养女儿又是什么？因为以前很长一段时间，女人都不能在外工作。随着男女平等思想的普及，父母们越来越觉得要让女孩增长见识，开阔眼界，有足够的知识和独立性，这就是家长富养女儿的原因。

同样的，"富养"两个字，也有很多家长会弄偏。为什么让女孩子增长见识、拥有内涵需要富养呢？因为在以前，读书是很昂贵的一件事情，所以才有富养一说。但是现如今，富养慢慢地被家长曲解成对女孩子舍得花钱。结果培养了很多娇气的公主，因为父母基本满足了女孩子的物质需求，很多女孩子开始追求名牌。而这其实已经偏离了富养的本质。

很多人会说养孩子花钱，是因为经济条件好了，父母愿意在孩子身上做很多的投入，所以才会有养孩子花钱的说法。在养孩子方面，相较于金钱，父母需要花费更多的其实是精力。

如果片面地理解穷养和富养，就容易形成偏差。对孩子穷养，把金钱管得特别紧，以至于以后他们挣钱了却不知道如何理财，如何运用金钱。而富养孩子，如果没有正确的方式，其实会造成金钱的浪费。我们常说，读万卷书不如行万里路。很多家长会带孩子出门游玩，但是如果没有做任何的准备，孩子只是到那里看一看，玩一玩就回去了，并没有增长多少见识。

比如去西安看兵马俑，如果孩子不知道秦始皇，不知道兵马俑的由来，没有了解过相关知识，直接就去看。他们只会觉得"那个泥娃娃好大啊，而且数量这么多"。他们会觉得那里没有游乐场好玩，顶着烈日排那么久的队，就为了看这些泥娃娃吗？这就是典型的家长花了钱、孩子的收获却很有限的例子。

不管家长有没有经济实力，对孩子的教养都是不容缺失的。

家长需要花费更多的精力照顾孩子，培养孩子，让孩子拥有好的教养。我们经常会在新闻里看到，在火车上孩子吵闹不休或者是在那里打闹，但是父母并不管孩子。

旁边的人提醒一句，父母还会强词夺理地说："小孩子是会闹的，你就不能忍一忍吗？"有家长甚至还觉得旁边劝说的人不对，要把提醒他们的人打一顿。

为什么会有这些无法无天的熊孩子？不就是因为家长不管教孩子吗？这样的孩子长大之后，在人群中会受欢迎吗？必然不会。甚至这对他们的职业发展和交友都会形成极大的阻碍。

父母以为他们是在宠爱孩子，殊不知这样是害了孩子。

我们也曾被很多有教养孩子的新闻刷屏。有一个孩子上学骑车，不小心剐了停在路边的汽车。他马上停下来写了一张纸条放在汽车上，说明原因，并且留下自己父母的联系方式，让车主和父母联系赔偿的问题。

然后马上赶回去告诉妈妈。这个孩子虽然家里特别贫困，但是妈妈仍然表扬了他。后来车主联系到他们，知道了他们家里面特别困难，不但不要他们赔钱，而且还给他们捐了钱。因为有教养的孩子值得被尊重。

智力可能是天生的，但教养一定是后天培养的。

高情商和教养是相辅相成的。因为情商高的孩子懂得换位思考，懂得感恩，有爱心，自强自立，而这些也是有教养的体现。教养的所有表现，其实也是情商高的表现。一个有教养的人，无论他是贫穷还是富贵，身边的人都会尊重他，他自己也不会受贫穷和富贵的限制。

对孩子的教养，影响最大的是父母。父母的一言一行，对孩子的引导，都是在教育孩子。

想成功，情商比智商更重要

有一个11岁的美国男孩和伙伴们踢足球时，不小心把邻居的玻璃打破了。这个时候，其他的小朋友都跑了，只有这个小男孩走到老人面前承认错误。但是老人并没有因为他主动承认错误而原谅他，仍然要求他赔偿玻璃的损失。

于是小男孩就回家向父母承认了这个错误，父亲也没有因为小男孩主动承认错误就原谅他，反而因为这件事情很生气。

最后是母亲一直劝说父亲，父亲才说："我把玻璃的钱借给你，但是你一年之内必须还我。"小男孩特别高兴地谢过父亲，拿钱去赔偿了邻居的玻璃。

然后男孩在读书之余想办法赚钱，经过几个月的努力，终于凑够了钱还给父亲。此时父亲很高兴地说："一个能为自己错误行为负责的人，将来一定是个有出息的人。"

后来男孩长大了，半工半读完成了大学学业，毕业后成了一名播音员。

看到他人生前面这部分，你会觉得他成功吗？

我们看男孩接下来的20多年。在这期间，他从播音员变成了一名演员，二战爆发后进入部队服役，结束之后继续当演员，在此期间还从事过各种职业，比如救生员、作家。

他在50岁的时候，是不是也算不上特别成功呢？

可是他在70岁的时候，成了美国总统。这位就是里根总统，也是美国历史上唯一一位演员出身的总统。

当看完了他的一生，你一定会说："他都当美国总统了,当然是一个成功的人。"现在我们再来回顾一下,里根总统的智商高吗?他可能和大家差不多,因为没有哪里记录过他有极高的智商。那么最后他会当上总统,一定有很多人愿意帮助他参加竞选;如果没有高的情商,怎么可能有那么多人给予他帮助呢?甚至可以这样说,所有的领导人,没有情商不高的。

最近有几则新闻让人伤心。

失联的浙江大学博士找到了,确认跳江自杀,网传,他最后一条朋友圈是:"可能我只是不太喜欢,也不太适合这个世界,所以再也不想多做停留了。不想再假装,也不愿再撒谎,只想做我自己,是真的难。"

美国哥伦比亚大学一名19岁的华裔被发现在寝室自杀,而在他居住的学校公寓一楼,每天晚上8点到10点都会提供心理咨询。

看新闻的时候我就在想,如果连死亡都不害怕,破釜沉舟去做自己想做的事情竟然会比死亡还可怕?大部分优秀的孩子背后都有付出了很多的父母。父母们为了保证孩子的成绩,想尽各种方法,给孩子提供各种条件。当孩子以优异的成绩进入名牌大学,父母就觉得自己终于可以轻松了。

只是费尽千辛万苦,觉得自己终于培养了优秀孩子的父母,怎么都没想到最后自己的孩子会选择死亡这条路。其实还有个现象大家也都知道，很多人考上了名牌学校，最后却碌碌无为。既然知道这样，为什么家长们还是觉得把孩子送进名牌大学就好了呢？因为每个人都觉得自己孩子不会是碌碌无为的那一个。

很多家长在孩子上学期间只盯着成绩看，因为孩子的成绩起伏而心惊胆战。有优秀成绩做挡箭牌，孩子的不合群、对人冷漠、不懂事等缺点都可以被家长忽略。于是最后孩子步入社会，发现社会的规则和学校是完全不一样的。这时，孩子不是被社会伤得体无完肤，挣扎着改变，就是变得自暴自弃，开始放弃自己。

这两年互联网发展迅速，我们可以发现很多厉害的人，学历不是很高，可是学历并没有成为他们在职场上突飞猛进的阻碍。

公司新招了一名销售员。小伙子一进公司就很热情地和大家打招呼，早上总是很早到公司整理客户资料，他接待的客户也都很喜欢和他交谈。第二个月发工资，他果然是部门工资最高的人。

有一次下班后我听见他在问同事："今年的在职大专什么时候报名啊，怎么报？"后来在一次聚会上，听他说起才知道，他读书的时候不认真，高中毕业就没再读书了，吃了不少苦，现在总算工作顺利一点儿，于是准备考个大专文凭。

　　我知道，他以后一定会越来越好，因为他勤奋、努力，会待人接物，并且有自己的目标和方向。学历也许会在最开始成为他的一个阻碍，但是现在已经不再是他的阻碍了，因为他有经验，有业绩，这些都可以证明他的能力。

　　孩子小时候，因为没有太多的衡量标准，家长很容易盯着成绩这一个标准来看孩子。但是家长一定要认识到社会和学校的不同，孩子最后是要进入社会的。所以在孩子小时候，家长就要学会用更多的标准来看待孩子，这样既可以做到在孩子成绩不好的时候，仍能用正确的态度对待孩子，还可以做到不被孩子的成绩蒙蔽眼睛，看不到孩子其他方面的缺点。

　　在社会快速发展的今天，在知识方面，家长所能传递给孩子的其实已经很有限，在家庭教育中更应该把重心放在培养情商上。如果孩子情商高，哪怕他在学校显得没有那么优秀，他也可以在进入社会之后成功超车，变得更优秀。

　　望子成龙并没有错。只是家长需要知道成功也有很多种，而成绩好，远远说不上成功，只能说有希望离成功更近一点。从望子成龙这个角度来看，家长更应该重视培养孩子的情商，一个不被大家喜欢和认可的人，要想取得成功，可以说困难重重。而一个被大家喜

欢和认可的人，很容易遇到贵人的帮助，为什么茫茫人海中，大家就愿意帮助他呢？不是他运气好，而是他情商高。

希望家长们在孩子小的时候，不要被孩子的成绩困住，情商的培养对孩子的影响会更加长远。

幸福的人，情商都很高

幸福是什么？怎样才能幸福？这两个问题，在每个人心里的标准都不一样。

但是父母培养孩子花了那么多的精力，那么多的心血，是为了什么？

大部分父母的想法其实很简单，希望孩子学习好，希望孩子有好的工作，其实最后落脚点都是，希望孩子能够幸福。

可是在现实生活中，我们看到很多有钱人、很多成功人士却陷入了痛苦之中，他们的父母看到自己的孩子取得了成功，赚取了金钱，却那么痛苦，他们的父母会高兴吗？当然不会。所有的父母都希望自己的孩子幸福快乐。

而父母之所以希望孩子成绩好，希望孩子有才艺等，是因为父母觉得孩子做到了这些要求，才能有更好的未来，才会离幸福更近一点。

冬冬成绩不太好，正在那愁眉苦脸地背课文，忽然他问妈妈"为什么我要读书？读书好难。"

妈妈说："只有读书了，掌握了知识，考上好的学校，才能有好的工作。"

冬冬："为什么要有好的工作？我看我们院里的看门工作就很轻松啊，而且上次听他们聊天，他们也都学习不好。我可以做这个工作，我觉得我现在就可以做这个工作了。"

妈妈："你如果去做看门的工作，那你才挣多少钱呀，你永远买不起房子，也没有钱去到处游玩。看见周围的人可以到处旅游，你却只能羡慕，你不会特别难受吗？"

小明想了想说："我不难受。"

妈妈："那是因为你还不懂，你还小。"

小明："所以我现在这么痛苦地背书，就是为了以后多挣钱吗？"

妈妈说："不是的，挣钱只是通往幸福的一条路，妈妈希望你拥有挣钱的能力，减少你的痛苦。"

妈妈只是一味地把自己以为的强加给孩子。而实际上，情商比金钱、身份、地位，更决定了孩子是否会幸福。

当孩子懂得感恩，能够体会到世间的爱，他就能够抓住生活中点滴的感受，汇聚成自己的幸福。

当孩子能够得体地处事，懂得为他人着想，能够有一个好的人际关系，有一群好的朋友，在困难的时候有人帮他，他就能够体会到幸福。

当孩子能够勇敢地面对困难，他就能在面对困难的时候想办法去解决，而不是在那里沮丧、难受、郁闷，而是变得勇往直前，他就能感受到拼搏的幸福。

当孩子能够自信乐观，他就有勇气面对生活里的艰难，因为人生在世，总是有特别多的苦难，自信乐观可以支持他经历这些苦难，从而获得更多的幸福。

当孩子有很好的自控力面对诱惑的时候，他就能克制诱惑，冷静分析，从而战胜诱惑，得到属于自己的幸福。

如果孩子懂得分享，分享所带来的快乐就会让他很知足，他就会知道享受此刻，而不是想要自己独占所有的好处。

如果孩子拥有同理心，就能够让身边的人感受到幸福，从而得到正向反馈，增加他的幸福感。

这些，都是高情商可以带给孩子的。

当孩子情商高了，父母也会幸福感满满。因为孩子会给予父母正反馈。当妈妈生病的时候，孩子端杯热水，到妈妈床头，轻声地对妈妈说："妈妈，你喝水吧，生病了要多喝水。"妈妈此时是不是心都化了？

当孩子考差了，父母心急如焚，孩子坚定地看着父母说："我一直在努力。"父母是不是会从焦虑忽然变得平静？

复读高三的一个女孩对爸爸说："爸爸，你们一直都默默地爱着我。今年高考结束了，我看到和我一起的同学都奔赴全国各地，可是我还得回到这个学校继续读书。我心里特别难受，但是你对我说女儿'你是最优秀的'，这句话给了我无尽的鼓励。我想说，以前我表现得不好，但是这一年，我会付出更多的努力，克服我三分钟热情。"而爸爸回应女儿："不管你最后考出来的成绩怎么样，爸爸都相信我的女儿是最棒的，高考成绩只是人生的一步而已。"

这对父女的对话让大家看到了，高情商的人不会被现实困住，有了困难，就去克服困难，一家人的相亲相爱会让他们充满幸福。

情商是个技巧，每个人都可以熟能生巧

"熟能生巧"这个词语大家应该都不陌生。

那是不是所有的能力都可以熟能生巧呢？当然不是。熟能生巧，是一个习惯性的动作，所有技能方面的东西都可以用到熟能生巧。

而很多需要思考的方面，就不一定能够用得熟能生巧了。因为需要思考的东西所面临的变化可能更大，就不存在熟悉这个词语了，更多的是突破熟悉，想到不熟悉的方面。

比如很多科学难题，在这个领域研究这些难题的人对这些知识和技能都已经特别熟悉了，可是他们并不会因为很熟悉，就能把这个难题攻破了，反而需要进行新的突破，才能解决那些难题。做新的突破和熟能生巧，是完全不同的两个方面。

因为情商是一个技巧，所以我们就可以根据熟能生巧的原理，把情商练习得更好。

你可能会想，情商怎么是一种技巧呢？

比如小王和小李同时看到另一个朋友走过来，小王也许就只会说一句：你好，或者早上好。

而小李却对别人说："你今天看起来这么高兴，今天一定做什么都顺利。"

那个朋友听到小李的话，就明显比听到小王的话更高兴。

小王会想：小李情商真高，我要是也这么会说话就好了。

怎么和人对话，就是一种技巧。可能因为小李常常练习不同的打招呼方式，所以他才能够很流畅地用不同的说话方式和人打招呼。

如果小王每天都练习如何打招呼，那么很快，小王也可以流畅地用不同的方式打招呼了。

当小王熟练了打招呼的语句之后，这些话自然也就脱口而出了。这不就是熟能生巧吗？

情商包含五个方面：自我意识、控制情绪、自我激励、处理相互关系、认知他人情绪。这五个方面都是可以通过训练得到提升的，所以我们可以很肯定地说，情商是一种技能。

如果情商不好，不是天生如此，而是在这些方面练习太少了。

孩子小时候正好是学习阶段，家长多注意培养孩子的情商，孩子自然也就会变成为一个情商很高的人。

如果孩子可以做到：每天出门给人微笑；看到老师和伙伴，会用不一样的方式打招呼；对自己充满了信心；可以跟很多小朋友玩到一起，并且小朋友都很喜欢他；会自己处理自己的问题；能够认识自己的情绪，并且控制住自己的情绪。谁会不认为这个孩子情商高呢？

想要情商高，当然需要练习。

有天生情商就很高的人吗？肯定是有的。就像有的人天生智商就比其他人高一样，也有的人天生情商就高。

但是最后在各行各业取得成绩的，大部分都不是智商特别高的人。

因为更多普通人通过自己的努力和奋斗，取得了更好的成绩。

情商也是一样的，天生情商很高的人，如果不进行刻意的练习，最后他不一定会比普通情商的人表现得更好。

所以，不要因为自己情商天赋不够高而害怕或者退缩，要牢记，情商是一种技巧，每个人都可以通过练习来提高。

现在很多公司在招聘时都会加入情商测试题，作为录用员工的参考标准。因为越是团队合作的工作，情商高的人就会表现得越好。

后面章节会给出几十种帮助父母培养孩子情商的方法，让孩子从小就有一个好的基础，在不知不觉中提高情商。

哪有那么多天生厉害的人，其实都是父母的用心培养。在培养孩子的路上，与孩子共同成长。

情商是互动的，家长会发现看完这本书，用书里的方法慢慢去练习，不只孩子情商提高了，自己待人处事也会发生变化。

希望家长能和孩子一起练习，让情商得到提升。

第二章

第一个关键词：自信

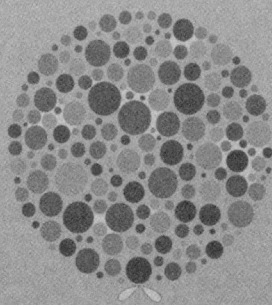

成绩不好，也要自信

从几千年前的科举制度到现在的高考制度，似乎普通家庭的孩子想要出人头地，只能参加考试，于是从孩子进入一年级的学习开始，家长们所有的重心就放在两个字上：成绩。

只要孩子在班上是中下的成绩，甚至有的人是中等的成绩，家长就充满了焦虑。

前几天我和一个家长聊天，不可避免地谈到孩子的成绩。

那个家长说："孩子才200多名，我真是特别担心和着急。"

我当时瞪大眼睛看着他，心里默默地想：全年级有1200多人，你的孩子排在200多名已经够好了。一个年级有20多个班，那么他的成绩差不多是班上的十几

名,你还要怎么样?

再加上这个学校本身就是当地比较好的学校了,所以在一个好的学校里面名次还比较靠前,家长都说自己很焦虑。那你孩子后面那1000多名学生的家长可怎么办?

在孩子的成绩这个问题上,只有更好,没有最好。在班上名次还可以,放到年级去看,就总是不那么如意。如果在年级名次也不错,那就放到市里去看。

在孩子成绩中等的时候,家长可能希望孩子考一个"985""211"的学校。如果孩子努力了,成绩上来了,家长的愿望马上也会跟着变,希望孩子考个名牌学校。

虽然所有的家长都知道孩子成绩不好不等于以后没有出息,但是不知道为什么,在孩子读书的时候,所有的家长都认为孩子成绩不好等于没有出息;成绩不好等于一无是处;成绩不好,孩子的其他优点都会被看不见。

虽然只要某一方面足够出色,那么孩子就不可能是平庸的。但是所有的家长好像都不太能接受自己的孩子只有某一方面很好,其他的方面比较平庸或者比较差的事实。

日本资深律师中坊公平就提道:他有一次和稻盛

和夫见面，那是两人第一次见面。稻盛和夫是日本知名企业家，创办了两家世界500强企业，而且他的经营哲学，被奉为经营之圣。

稻盛和夫开口第一句话就是："中坊先生，你读小学的时候是不是学习成绩不好啊？"当中坊先生点头称是之后，稻盛和夫继续说："实际上我的成绩也不好，当年因为高考落榜，没能进自己报考的大学，才去了鹿儿岛大学。"

在之后两个人的谈话中，稻盛和夫甚至说："往往只有学习成绩不好的家伙才能办好企业，那些从小就老老实实的乖孩子，最后能够把事情做得得心应手的少之又少。"

其实家长也知道有很多成绩不好的人进入社会之后，过得并不比成绩好的人差，实际上每个人或多或少地都认识这样的人。

可是父母总是固执地认为，没有好的成绩就不能证明孩子是优秀的。当孩子成绩不好的时候，父母就像被蒙住了双眼，看不见孩子的其他优点了。

有一次一个家长和新来的老师聊天，说："我家的孩子成绩不是特别好，但是除了成绩以外其他都还是不错的。"

这个时候老师就说："虽然其他方面都很好,但我们还是要努力提高孩子的成绩。"

在这样的氛围里面,成绩不好的孩子特别容易不自信。因为不管是老师、父母还是长辈,询问的时候多多少少都会提到成绩,这个不是他很出色的方面。同时,孩子也知道成绩是一个特别重要的衡量标准。

木桶理论说,这个桶能装多少水,就看最短的那个板子有多长。所以为了让桶能装更多的水,就应该把短板补起来。

后来大家把这个理论和人们的优点、缺点联系起来,就觉得人们应该专注于提升自己的缺点。

其实,人无完人,每个人的精力、时间都是有限的,更应该专注于自己的长处。

曾经看到过一个故事,作者在美国留学,最后留在美国当了一名工程师。有一天他发现自己的同事连"10.5 减 0.3"都要用计算器,真是太惊讶了。

他就问他的同事："这么简单的数学你都不会,你怎么会来做工程师呢? 因为在我们的印象里面,工程师一定是数学特别厉害的。"

这个时候他的同事就解释道："在我们那儿数学好不好不重要,最重要的是你有一门功课好就行了。"这个同事小时候数学、语文、自然都不及格，后来有了计算机课，成绩还不错，建模设计那一门居然还得了满分，所以很自然就当了工程师。

其实国外有很多成绩不好、但是依旧充满自信的人。因为他们更看重自己的强项，把自己好的地方发挥得更好。

有人在网上问："听说广东那边高考没考上大学的，周围的人也觉得没有什么关系，为什么？"

有一个人回答道："我就是广东的，在你问这个问题之前，我还真没有想过这件事。看到这个问题，我仔细地想了一下，好像我们这边考差了，父母、朋友、亲戚都不会在意，不会觉得丢了面子、不好意思了。因为高考只是一个选择。现在进大学也比较容易，高考只是决定你进什么样的大学。甚至高考之后，你不去读大学，去学其他的技术都是可以的，父母也很赞成。等到以后挣了钱了，自己觉得学历低了，想读什么可以再继续去读。"

对于成绩不好的孩子，怎么培养他的自信呢？

父母一定要维护孩子的自信，帮助孩子发掘他的优点，让孩子能够看到自己的优点。

同时，父母也要清楚，人生的路是多种多样的，虽然现在大部分还是靠高考来选拔人才，很多人还是通过高考走进名校，再获得好的岗位。

但是如果孩子确实成绩不好，家长要尽快地接受这个事实，并且摆脱焦虑，这会对孩子有更好的影响。

运动让孩子充满自信

中国从古代开始就信奉"万般皆下品，唯有读书高"，到了现在，在学校里面运动依旧不怎么受人重视。初三、高三的体育课在考试期间，基本上都被挪用来上其他科目了。甚至可以说，如果不是体育需要考试，可能大部分学校就直接把体育从课表里面删除了。当孩子开始读书，运动这件事情，就开始为作业、补习班、学乐器等让路了。

孩子年幼的时候，父母会觉得孩子好动是好事，说明他精力旺盛，身体健康。这时候孩子一般是模仿电视和动画里面的人物，比如奥特曼，铠甲勇士等。

孩子们觉得这些英雄很酷，很厉害，于是可以看见孩子在家里打抱枕，打洋娃娃，嘴上说着："我是奥特曼，我在打怪兽"。

有的父母可能比较喜欢安静，对这种打闹很头疼；

还有的父母认为这样的行为很危险，害怕孩子受伤，于是阻止孩子打闹、跑跳。

一个小男孩说："我小时候，父母嫌我吵闹，为了让我保持安静，就把手机给我玩。可是当我大了，父母又说我，为什么整天玩手机？还不是因为我小时候，他们就让我玩手机，才养成这样的习惯吗？当我长大了，父母说我一天都玩手机的时候，我真的不知道，我除了手机还能玩什么了。"

父母们，不知道你们有多久没有带孩子去跑步、打球、游泳了？是不是在你们和孩子的生活中，根本就没有想过这些运动项目？

当孩子开始上学，小学还好一点儿，因为课余时间多一些，家长们还是会让孩子进行一些适当的体育锻炼。但是到了中学，课业开始变得紧张，于是当孩子去运动的时候，父母就会说："你怎么这么爱玩？有空的话难道不能多写几道题吗？不能多看看书吗？"

不知道家长们如果连续加班，在电脑前长时间的忙碌，会不会觉得腰酸背疼，想要活动一下身体？也正因为这个原因，我们发现，最近几年，重视运动的人越来越多了。那家长们想想，小孩子在学校读书，每天上课学习和回家做作业的时间加起来有多少？差不多十个小时，长时间地坐着，那他们累吗？

为了保护孩子的视力，家长常常说孩子："你怎么又趴下去了，眼睛离桌子太近了，坐姿端正一点儿……"可是如果让你端端正正地坐上十个小时，你能做到吗？

其实有时候，孩子真的不是故意要靠桌子那么近的，只是长时间坐着确实太累了，不自觉就趴下去了。

相比国外，我们国家要不就是专门培养学习的人才，要不就是专门培养运动的人才。这个方法虽然出成绩很快，可是运动员除了运动，其他技能都会落后，常常在退役之后陷入生活困难的状态。大众看到运动员的落魄，更不愿让孩子走运动发展这条路了。

在雅典奥运会上，取得赛艇女子单人双桨冠军的运动员，是一名时装设计师，毕业于德国时装学校；取得射击女子飞碟多向冠军的运动员，职业是"农业保护官"；取得柔道女子冠军的运动员，大学学的是法国文学，职业是警察；取得场地自行车冠军的运动员，职业是法律书记员，23岁才开始训练。

国外的运动员大多学历不错，甚至篮球、足球、网球这些职业运动员一般都会多国语言，有不错的学历，不需要担心退役之后无法生活。

所以运动和学习，并不是对立面。

那么运动可以给孩子带来什么好处呢？

第一，运动可以让孩子身体更健康，更有利于孩子身体发育

久坐会让人体各个肌肉都产生不适感，肩颈、腰椎都容易出问题。当我们运动的时候，肌肉、筋脉都会得到拉伸和锻炼。小孩子正处于身体生长的关键期，如果他们能够多运动，会有助于身体各部位的健康发展。并且身体好了之后，孩子在课桌上端正坐立的时间也会更长，眼睛也不容易近视。

第二，运动可以提升学习效率

父母在埋怨孩子注意力不集中、学习状态不好的时候，有没有想过，可能是孩子的精力不够支撑长时间的学习。这个时候体育锻炼就可以帮助孩子提高精力。

第三，运动可以让孩子更阳光自信

在运动的时候，孩子会遇到各种各样的困难，因此需要克服各种难题。一个运动动作常常需要进行很多次的练习，但是在运动的时候，孩子们一点儿都不觉得枯燥无味，他们反而会因为多次练习取得了成功而感到特别高兴。所以爱运动的孩子都特别阳光、自信，并且爱运动的孩子一般都拥有坚韧和不怕困难的个性。

第四，运动让孩子有团队意识

很多运动都是由团队一起进行的，或者需要有人配合才能进行。和朋友们一起运动，对孩子们来说是那么有趣，而且要赢就要一起努力，这个荣誉是大家的。单人的运动，也是有伙伴一起练习的。而且，团队包含了很多人，包括为自己加油的家人，给自己提供帮助的朋友。

第五，对规则的认识

在学校学习更要强调纪律性，如果成绩很好，常常会被老师特许一些权力。而运动的规则是既定的，不会因为个人而改变。孩子一旦进行运动，就会学到什么是规则，如何遵守规则，如何运用规则。

小成功带来大信心

浩浩这几天特别喜欢在篮球场旁边看着一群大哥哥打篮球。他觉得哥哥们打篮球的时候，动作特别潇洒，而且每次他们打完球都特别地高兴。

于是浩浩回家跟爸爸说，他也想打篮球，爸爸马上就同意了。爸爸从邻居那里借来了一个篮球，就带着浩浩去篮球场打球了。

　　到了篮球场，爸爸就开始教浩浩打篮球。可能是因为浩浩比较小，力量不够，而且浩浩是第一次玩篮球，所以一直都投不进球。浩浩打了好一会儿都没有投进一个球，就开始变得不高兴了。他想了想，和爸爸说："爸爸，我觉得篮球不好玩，我不想玩了，我们玩其他的吧。"

　　爸爸对浩浩说："你还记得你原来学滑板吗？"

　　浩浩把头一偏，想了想说："记得，我滑滑板可厉害了。"

　　爸爸继续说道："那你还记得你最开始滑滑板的时候摔了多少跤吗？当时爸爸说和你一起学，结果爸爸摔了一跤，就不敢学了。反倒是你，虽然摔了跤，却爬起来继续练习。你摔跤摔得爸爸都心疼了，但是你都没有放弃。没想到第二天你就能滑滑板了。爸爸觉得滑滑板比打篮球难多了，至少爸爸就没有学会滑滑板。可是你会滑滑板，而且滑得很棒。所以你也一定可以学会打篮球。"

　　浩浩说："我都忘了，滑滑板的时候我摔了那么多跤了。好像学滑板比学篮球难多了。那爸爸我们继续练习吧。"

　　于是爸爸就带着浩浩继续练习篮球。

别人问我们："你有多少梦想？"

我们总是会说："我有很多很多的梦想。"

但是如果给我们一张纸，让我们把所有的梦想写下来，这个时候我们会惊讶地发现，要写50个梦想出来真的还挺困难。我们以为的梦想，其实没有自己想象的那么多。

与此相反的是，如果有人问你："你今年取得了多少成就？"你第一反应会说："我今年好像没有什么成就，可能就做了几件比较好的事情。"但是如果让你把你一年的成就写下来，相信我，你一定可以写超过100个成就。

这说明我们的梦想其实没有我们想得那么多，而我们自己也没有我们想的那么差。大部分人常常会低估自己。中国有一种美德叫谦虚，别人表扬你这项工作做得好，领导说这个任务完成得很好的时候，大部分人会不由自主地说"没有，这是我应该做的"。但是，过度谦虚常常会让我们对自己产生一种否定。

为了鼓励大家更自信，可以自己记录每天值得表扬的地方或者做得好的地方，哪怕只有一件事情。只要坚持记录，就会对自己越来越有信心。

做记录对孩子来说是有困难的。父母可以每天或者每周记录孩子表现得好的地方。为什么要记录下来呢？因为我们的记忆力有限。你现在回想一下一年前孩子值得表扬的地方，能回忆起来几件事情呢？

孩子年龄较小，不适合自己做记录。哪怕已经上学了，做成就记录这件事对孩子来说，也是比较困难的。那么父母可以帮孩子记录下美好的事情。

做记录有几个好处：第一，孩子长大后，可以比其他的孩子想起更多童年的事情。第二，在孩子遇到困难或者不自信的时候，父母可以说出很多孩子值得表扬的地方。这个时候孩子就会觉得："我还做过这么多厉害的事情。"很容易重新点燃孩子的信心。

苏格拉底说：一个人是否有成就，就看他是否有自尊心和自信心。

如果没有自信心，那么孩子在遇到困难的时候很容易消沉下去，并且这个困难可能永远成为他的阻碍。

光记录孩子的小成功还不够，父母要随时当着孩子说这些小成功，尤其是孩子遇到困难的时候，这些小成就更能激励孩子。

就像我们做笔记、收藏微信文章一样，不管我们笔记做得再好，文章收藏得再多，如果我们不去翻看笔记，不去反复阅读、分析有用的文章，过一段时间我们

就会忘记内容。

我们回忆一下自己小时候，就会发现大部分记忆已经被我们遗忘。但我们总会很清晰地记得小时候做的一些调皮捣蛋的事情，这是因为父母和亲戚总是不断地在不同的场合重复这些事情。

我特别清楚，有一件事，我自己原本不记得，但是每年亲戚都拿出来说，就让我记住了。

我小时候总是挨打，那时父母的教育理念就是：棍棒底下出好人，没有被父母打过的小孩很少。

有一次大人们问我："你长大了挣到钱，第一笔钱要如何使用？"

我竟然说："我有钱了，要去买一身铁铠甲，这样不会被打得很痛。"

我最开始听到亲戚们说这个故事，自己完全是迷茫的，默默地在心里问自己：我说过这样的话吗？

到现在，我已经可以很好地重复这个故事了。

对于孩子的小成功，父母不仅要记住，而且要经常说。如果不看记录，你能回忆起孩子多少个小成功？孩子现在又能说出多少件可以让他自己骄傲的事情？

倾听，给孩子带来信心

随着亲子理念的普及，父母在孩子的幼年期，会跟孩子聊天谈话，以增进亲子关系。

孩子进入小学后，很多父母会觉得自己终于可以轻松一点儿，可以有更多的时间去忙自己的工作。

同时因为前期在孩子身上用了很多时间来建立联系，这个时候会觉得孩子大了，会不由自主地减少沟通时间。而这个时候，就需要更高质量地陪伴孩子。

倾听，可以帮助孩子化解烦恼，可以帮助孩子思考。倾听，表达了父母对孩子的关怀。有了父母的关怀，孩子会更有勇气和信心去行动。

有一则新闻，二十几岁的年轻小伙子跳桥自杀，路人发现后及时报警，最后获救。他自杀竟然是因为几个月前，他在小贷公司借了几千元买手机，每个月都按时还款，还有两期就还完。结果当天接到电话，说他还欠几千元，他一下想不通就去跳桥自杀。

作为旁观者，看到这样的报道我们总是会感慨，为了几千元就舍弃自己的生命不是很傻吗？但是换个角度想一想，为什么他会为了几千元就想不通而去自杀？如果他可以把这个困惑告诉父母、朋友，其实大家都可以劝解他，帮他冷静下来，思考如何处理。

但他为什么宁愿自杀，也不告诉父母？可能就是父母平时和他交流少，或者交流的时候完全不理会他是怎么想的，只顾着说自己觉得正确的道理。

父母不会倾听，孩子就觉得无法和父母交流，遇到事情的时候也会产生惯性思维，觉得告诉父母他们也不会理解，也就没有交流的必要了。

相反，会倾听的父母会让孩子觉得，自己有困难时，即使父母不能提供帮助，和父母聊聊，自己的思路也会开阔，也许就知道该怎么做了。这样的惯性思维，也是因为在平时的交流中，父母会倾听，让孩子可以大胆地说。不用担心被父母责备，于是就可以更多地和父母沟通。从而可以避免孩子遇到问题时，在思考的方面钻牛角尖。

父母要学会倾听，首先要放下父母的权威性。

现在的亲子关系，强调父母要做孩子的朋友。可是很多父母反映，很难做到像朋友那样和孩子相处，那是因为他们站在父母的角度去看孩子，父母的身份赋予了父母权威性。当父母用权威的身份去看孩子的时候，会特别容易发现孩子不对的地方，想要去纠正。

如果父母把孩子看成一个独立的人，看成自己的一个朋友。想一想，当你朋友遇到困难的时候，你会马上冲过去告诉他怎么办吗？不会！你会让朋友先倾诉。男人常常遇到麻烦，喊几个好朋友去喝酒吃饭，借此聊一聊，说一说。女人可能就找一个咖啡厅，点一杯饮料，把烦恼好好地聊一聊。

比如你的朋友和你倾诉工作上的烦恼，一个文件修改了很多次，领导都说不对。结果最后改来改去，领导却觉得最初的某个版本不错。朋友觉得自己做了很多的无用功，和你抱怨，领导都不懂，就在那里瞎指挥，可是自己还必须得听他的。

这个时候你会怎么跟朋友说呢？你一定是默默地听着，也许会跟他一起骂一骂那个领导。第二天，大家仍然是该上班就上班。你不会说："遇到这样的领导还做什么工作呀？辞职吧。"因为谁都知道，生活就是充满无数的困难，换个领导，大家也许会有其他的抱怨。

现在把这个场景转换一下，你的孩子和你抱怨自己的老师："这个老师今天上课又拖堂了，还布置了好多的作业，以至于下课都没有时间玩了。"

如果是从朋友的角度来看，你是不是会和孩子站在同一个战线？你也许会跟孩子一起抱怨："老师怎么布置那么多任务？害你下课都没空休息。"孩子就会继续说自己的感受。

但是如果你没有站在朋友的角度上，而是站在权威的角度上，你就会告诉孩子："老师是为了你好。老师这样做是有他的道理……"因为你觉得你要帮老师说话，你和老师都是教育孩子的。

其实孩子只是想表达郁闷的心情，听你这样一说，孩子的郁闷变得无处发泄。

希望上面的两个例子，可以让父母认识到自己沟通的时候，清楚自己是朋友的立场，还是父母权威的立场。当拥有权威的时候，父母就不能很好地倾听孩子。

我们常常说，某个高高在上的人平易近人，就是他们和人相处的时候可以放下权威感，从而让对方有很好的感受。每个父母都希望自己给孩子很好的感受。

但如果父母不知道如何去倾听孩子，会让孩子不愿意接受父母说出来的话。而做好倾听，最简单的方法是换位思考。

为什么父母常常没有办法去换位思考呢？因为父母觉得自己讲得有道理。

但是在倾听的时候是不需要道理的，因为我们只需要听孩子，不需要说，这是一种情绪的宣泄，不是讲道理的时候。

偶像，给予孩子动力

对于特别年幼的孩子，他们的偶像可能是动画片里的人物，奥特曼、海绵宝宝都可以是他们的偶像。随着年龄的增长，他们的偶像开始变化。到了青春期，很多人的偶像就变成了各种明星，这个时候父母就特别想不通，这些明星有什么好崇拜和喜欢的？长得漂亮、长得帅，能当饭吃吗？不管父母怎么想，孩子们就是喜欢他们。

成人之后谈到自己的偶像，可能更多的是商界、政界各种杰出人物。但其实，不管哪个阶段，你所崇拜的人都可以是你的偶像，既可以是明星，也可以是你所敬仰的人，还可以是一些虚拟人物或者身边的人。

孩子小时候，偶像一般是自己的父母。因为不管老师出什么难题，父母都可以给他们帮助；在生活中遇到的困难，父母也都可以解决。在孩子看来，父母是无所不知的，他们觉得父母太厉害、太聪明了。

为什么教育家常常说，在孩子年幼的阶段，父母的表扬和鼓励可以给予他们极大的帮助，就是因为这个时候他们的偶像是父母。父母给予鼓励和表扬，就等于是他们的偶像在给予表扬和鼓励。这个时候给予他的精神鼓励是特别大的,孩子会想:这么厉害的爸爸妈妈都说我表现得很好,我自然是表现得特别好了。

随着孩子慢慢长大,进入初中,他会发现,原来父母也不是什么都知道。这个时候,孩子不再仰望父母而是平视父母,此时对父母的话,也不再像小时候那么重视。

很多以前没有找外在偶像的孩子,这个时候开始有崇拜的对象。此时大部分孩子会把明星当作自己的偶像。

产生这种现象有几个原因:第一,电视、电影里的角色很厉害,喜欢角色,从而喜欢了演员。第二,这个时期的孩子开始注重自己的外表,而演艺圈的人正好满足了他们的这部分幻想。第三,很多伙伴都有偶像,那自己也要有一个偶像。

此时,父母应该看到,那个人之所以会成为孩子的偶像,他身上一定有孩子喜欢的闪光点。父母应该更多地去了解孩子,为什么喜欢这个偶像,了解这个偶像更多的事情。而不是知道孩子有了偶像,就责备孩子。要让孩子的偶像帮助到孩子的成长,同时父母应该鼓励孩子有多个偶像,每个人都可以在不同的领域有不同的偶像。这样孩子就可以在各方面都有自己可以学习的目标。

很多父母说："随着孩子年龄增长，和孩子沟通越来越难了。"

父母有没有想过，在自己的眼里，孩子只有学习和习惯；而在孩子眼里，整个世界是五彩斑斓，丰富多彩的，并不局限于学习。并且，随着孩子长大，他们看到的、想要了解的越来越多，而家长和孩子谈话的时候，十句有八句离不开学习。

如果家长放弃看孩子的学习，放弃看孩子的习惯，请问，你还能看到孩子的什么？你是不是把孩子当成一个丰富多彩的人来了解？他喜欢什么音乐？他喜欢什么电视剧？他为什么喜欢玩这个游戏？他对哪些方面特别感兴趣？

当家长和孩子一起讨论孩子的偶像时，家长就会发现，孩子在你眼中越来越多面化，你可以和孩子沟通的地方也越来越多。

所有的偶像一定有个特点，他之所以能成为偶像，是因为他在某一方面或者多方面很出众。他会在这个方面出众，就证明他已经在前期经历了很多的困难，做了很多的事情，而这些都是孩子可以学习的地方。

父母总说要培养一个自信、乐观的孩子。可是自信和乐观，一定是有具体事情体现的。

　　寻找偶像比较简单的方法是看名人自传或者听名人故事。为什么要鼓励孩子多看名人自传或者听名人的故事？是因为孩子会发现，原来名人也是由普通人慢慢成长起来的。

　　生下来就是天才的人太少了，大部分都是普通人通过努力获得成功的。爱因斯坦说过：天才就是1%的灵感，加上99%的汗水。

　　有的家长说："孩子喜欢名人我不介意，可是孩子喜欢那些明星有什么意思？那些明星有什么好喜欢的，不就是长得漂亮一点儿、帅一点儿吗？"

　　这方面家长还真的想错了。中国十几亿人，难道普通人里面没有比他们漂亮，没有比他们帅的吗？演艺圈，有太多漂亮和帅气的人，光靠外表就能成功，这是一句笑话。所有演员除了运气，其实还有各方面的努力。

　　这个时候家长可以和孩子一起探寻孩子喜欢的明星背后努力的过程。很多明星为了练一首歌，练一个音调，可以到处去拜师学艺，可以每天一早起来就练习。而很多的演员在拍戏过程中也吃了特别多的苦，并且很多明星并不满足于目前的成就，在工作之余还进行各种学习，把日程安排得满满的。这些都是值得鼓励孩子学习的地方。

要想和孩子沟通，首先要跟孩子眼光一致，看到好的一面，这样才能跟孩子聊到一起。

如果孩子喜欢奥特曼，你说："奥特曼好傻，只会呆呆地打怪兽。"

可是换个角度想一想，奥特曼为什么打怪兽，还不是为了保护人类？孩子会觉得你竟然说这么有爱心的、这么厉害的奥特曼傻，就觉得没有办法跟你聊到一起。

如果孩子喜欢某个偶像明星，你对孩子说："就知道喜欢这些明星，听这首歌，爱过来，爱过去的，你怎么不把你的学习都爱一下？"你觉得这样和孩子聊天，孩子应该怎么跟你沟通？

并且，孩子在成长的过程中会慢慢发现，不仅可以向偶像学习，自己还可以超越偶像。

乒乓球协会副主席刘国梁的 7 岁女儿前段时间获得了世界之星青年高尔夫锦标赛，8 岁及 8 岁以下组别冠军，这是他女儿首次拿到世界冠军。赛后颁奖典礼上他女儿全程用英语发表获奖感言，其中有一段是这样说的："我要谢谢我爸爸，他是我人生的榜样。1996 年他就在美国赢得了奥运会冠军。我有一个梦想：就是要超越他，我现在 7 岁了，我做到了！"

第三章

第二个关键词：分享

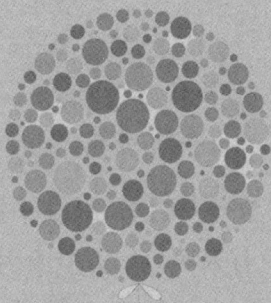

孩子不合群怎么办?

幼儿园里总会有这样的情景,一大群孩子在那边开心地玩,另外一两个小朋友坐在旁边,不去跟其他的孩子玩,一个人发呆。

小区里面有个儿童休闲区,晚饭后很多孩子在那里玩,总有孩子怯生生的,离其他孩子远远的,独自一人在一个角落里。

父母看到这种情况,急在心里,拉着孩子说:"去跟小朋友玩呀。"可是孩子就是不动。

人是社会性动物,人们从社交中拥有自信,学习知识,获得资讯,没有人可以离开社会独立地生存。因此家长们对于孩子不合群特别着急,但是家长们其实没有必要强行地让孩子去合群,因为很不合群要从两个方面来思考。

第一，因为性格等各方面原因而导致孩子不愿意去交流，造成的不合群

这个时候父母可以想一想是不是自己的朋友比较少，是不是比较少带孩子出门，和小伙伴玩的时间比较少。现在独生子女偏多，当然这个状况在这两年有了一些改善，很多人生二胎的理由就是：觉得孩子一个人太孤单了，想要让孩子有个兄弟姐妹。

如果是独生子女，孩子大多时候可能都是一个人在家里玩耍，而没有出门和小朋友一起玩。不要说长辈整天都在家陪着孩子，大人的陪伴永远比不上朋友的陪伴。当孩子一个人玩的时间长了之后，孩子就会觉得：我不跟其他小朋友玩也没有什么，我一个人也可以玩得很好。

再加上如果父母不擅长社交，不愿意出门和朋友聚会，孩子自然也更不想往外走。于是就变成了全家吃了晚饭，就只是在家里聊天，和孩子玩耍一下，或者看看电视。

为什么很多大人不愿意出门聚会？为什么会出现一大批的宅男宅女呢？

因为很多人觉得不能适应社交，感觉应酬很麻烦。出去和朋友聚会，感觉比较累，还是自己待在家里，玩玩游戏，看电视剧更轻松。这其实也是童年时候自己常常独自一人玩造成的。

如果父母不喜欢社交，那么孩子就不能从父母身上学会如何处理外部的社交关系，如何正确地与人相处。相反，孩子会学习父母，自己在家玩，有朋友当然很好，但是没有那么想和朋友黏在一起玩。那么，孩子也就会变得不太愿意与人交往，会觉得和人交往比较麻烦。

我们常常说，大部分孩子都会特别像父母。除了遗传因素使外貌相似之外，性格上也会和父母比较像。

有一次朋友去接儿子，旁边的家长就对他说："你儿子真是坐得住，好安静呀，还有点儿害羞。虽然是个男孩子，但是不蹦蹦跳跳的。你是不是平时也不喜欢运动，在家常看书之类的？"

我朋友说："对啊，我不太喜欢出去吃饭，和朋友玩，我就喜欢在家看看书，然后在电脑上琢磨东西。"

所以，如果家长自己社交不行，但是希望孩子在这方面比自己厉害，就要以身作则了。

如果希望孩子在小时候就要突破家长的局限性，达到另外一个高度还是有困难的。只是随着孩子的长大，离开了家长，可能在环境和朋友的影响下，有的孩子在社交上会变得和父母不一样。

而在小时候,如果家长想要培养他的社交力,首先还是要让自己变成一个不害怕社交、愿意社交的人,从而影响孩子,增强孩子的社交力。

美国心理学家威廉·格拉瑟认为:我们本质上都是社会人,改善人际关系就是提高我们的心理健康水平。爱和归属感是我们除生存外最大的需求,当我们亲密的人际关系出现问题时,我们会不快乐,极度的不快乐会导致很多的心理疾病。

第二,孩子的不合群也许只是不合这个群体

如果小时候孩子可以和周围的朋友玩到一起,而随着年龄的增长,不再和周围的朋友玩,这个时候也许不是孩子不合群,而是这个群已经不适合孩子了。

随着年龄的增长,孩子的价值观在变化,判断力在增加,会慢慢区分出来这些朋友是不是我能交往的朋友。在读书阶段,交朋友还没有成年人那么功利,只有是否适合,是否能谈到一起。

有个观点是:优秀的人大多不合群。

《乌合之众》中也说过:人一到群体中,智商就严重降低。为了获得认同,个体愿意抛弃是非,用智商去换取那份让人倍感安全的归属感。

对很优秀、很聪明的人来说,他们的不合群就是和

孩子情商高，才能成大器：培养高情商孩子的七个关键词

这个群体不适合。但是当他们遇到和自己同频的人，还是可以聊到一起的，所以他们还是很合群的。

这种不合群一般到中学阶段才会出现，需要孩子对自己有清楚的认识，而且可以清楚地判断身边的人和自己能否很好地沟通和交流。

低龄阶段不存在这样的问题。因为对幼儿来说，如果孩子觉得自己很聪明，跟同龄的人玩不到一起，孩子可以去找稍微大两岁的孩子一起玩，所以低龄孩子不合群是比较少的事。

此时家长就不需要去催促孩子快点儿去和以前的朋友玩，而应该帮助孩子找更多的途径去认识新朋友。

家长要多鼓励孩子，扩大寻找朋友的范围，比如孩子在学物理，目前班上的同学，可能对这门学科都不是很感兴趣，孩子在这方面的爱好没有什么人可以交流。但是物理竞赛团队里面，也许有朋友可以跟他交流。很多人在参加比赛的时候，会认识很多谈得来的朋友。

孩子以自我为中心怎么办？

西西喜欢看动画片。小孩喜欢看动画片很正常，于是家里的大人都让着她。

一天爷爷想要看新闻,可是西西怎么都不让爷爷看新闻,一定要看自己的动画片,不管家里谁来劝说,他都不让步。

家里人就想:孩子还小不太懂事,等大了就好了。

几年后,西西读五年级,不看动画片了,开始迷上电视剧。家里的电视又被他霸占着,他继续看电视剧,别人想看什么都不行。

其实这个不是简单的争抢电视看什么的问题,而是西西做事都以他自己为中心。

我知道一个叔叔,他已经退休了,那个叔叔喜欢看枪战片。只要叔叔看电视,家里人不能看其他的电视内容,只能看叔叔喜欢的枪战片,那个电视就是叔叔一个人霸占着。

因为这不是一个随着年龄增长就懂得让步的问题,而是一个人是否以自我为中心,只想满足自己的需求而不管别人需求的问题。

此外以自我为中心,还体现在随意顶撞别人。

孩子也许认识不到他们是在顶撞别人,就是觉得自己有脾气,不高兴,就要马上把脾气发出来。

直性子的人会说:“我说话就是这么直接,你要不能接受,你就不要听。”

其实这就是典型的以自我为中心，这样的人就是情商低。说话这么直接，是因为他懒得去思考，懒得为了将就别人的情绪，而去考虑自己的表达方式，只管表达出自己的想法和心情，不管对方是什么感受。

为什么孩子会出现以自我为中心的情况呢？

第一，正常的心理发育过程

孩子小时候有一段时间以自我为中心，这是可以理解的，但是不能放任这种行为，要正确地去引导他。

瑞典心理学家皮亚杰提出了幼儿自我中心理论，孩子在2到7岁的时候会更多地从自己的立场和观点去认识事物。但这并不代表家长就可以放任孩子的这种行为。

只是，当孩子的第一反应是以自我为中心的时候，家长要理解孩子，然后在理解的基础上给予正确的引导。在这个阶段，不要强迫孩子放弃自我的角度。

第二，因为家里过于宠爱孩子，造成孩子在家里独一无二的地位

我国的家庭普遍是独生子女，所以就造成了大人多孩子少的问题。大人们常常愿意委屈自己而去满足孩子的愿望，从而让孩子产生：我是家里最重要的，我想要什么我都能得到，我也应该得到。如果我得不到

我想要的东西，哭一哭，闹一闹，他们就会同意。

既然这么容易实现自己心里的想法，那肯定就不用考虑别人的感受，于是就会造成孩子越来越以自己的想法为中心，只考虑自己的观点、感受。

第三，大人在规则教育上面的界限没有把握好

因为大人总是反复无常的变化，导致孩子不能认识到规则、纪律、界限这些明确的东西。有的大人觉得，在家里面孩子无理取闹是可以忍受的。只是出门之后，孩子就应该表现得好一点。

但是孩子并不能认识到在家里和在外面的区别，孩子就会觉得：我在家里都这样，为什么在外面不行？

第四，优秀的孩子得到周围人的表扬和忍让，有时候更容易变得以自我为中心

不管是家长、老师还是同学，如果一个孩子的成绩好，常常就会包容孩子犯的一些错误，因为觉得成绩好这个优点可以掩盖某些缺点。比如因为自己成绩好，当有同学做不到某道题的时候，孩子可能会说别人："你怎么这么笨，这种题都不会做。"这种情况一般孩子不会受到指责。

这时，孩子的自我认识就产生了偏差，觉得我是最重要的，我比别人好，所以别人就应该让着我，我态度嚣张一点儿也没关系。

那面对孩子以自我为中心，家长们可以怎么做？

1.不要过于满足孩子的要求

小虎特别喜欢吃虾，每次家里买了虾，爸妈为了让小虎吃个够，自己都不怎么吃，还告诉孩子："你喜欢吃就多吃点儿，爸妈不吃，都让你吃。"久而久之，小虎就觉得，我喜欢的别人就应该让着我。

一次父母带小虎出门和朋友吃饭，小虎看到餐桌上的虾，就喊爸妈给自己弄，爸妈挑了两个给他之后，小虎还嚷嚷着自己都要。这时候同桌的大人看见了就说："都给他吧，孩子爱吃。"

其实家里大人在满足孩子要求的时候，一定也要满足自己的需求，而不能为了满足孩子委屈自己。

可能有的家长觉得，我就是喜欢委屈自己满足孩子，我高兴。家长倒是高兴了，以后孩子就难受了。

如果家长只顾着满足孩子的要求，而放弃自己的需求，那么孩子就会慢慢觉得，自己是最重要的，别人没有自己重要。

2.用游戏的方法让孩子体验不同角色的心情

日常生活中，父母可以和孩子玩一些角色扮演的游戏，并且交换游戏的角色，让孩子体验到各种不同角色的感受。在孩子扮演不同角色的时候，孩子就会发现不同的人有不同的需求，从而知道所有人都不能以自己为核心。

3.多和伙伴在一起玩

如果孩子和伙伴们在一起玩，过于以自我为中心，那么就会受到小伙伴们的排挤和不喜欢，其实这个过程也是孩子自我成长的一个过程。当孩子感受到了别人对他的排挤之后，孩子会进行一个反思，要和伙伴们在一起玩，就不能继续保持这样的一个观念。从而改变自己的行为和做法，慢慢地孩子就放弃了以自我为中心。

让孩子轻松融入集体

亮亮的爸爸妈妈都是独生子女，所以他一出生就有四个老人，两个大人围着他转。现在城里面的家庭都关门闭户的，邻里之间很少来往，亮亮的朋友也特别少。偶尔能够在活动的地方遇到几个小朋友，大家一起玩玩，然后就各自回家了。

每天大人们都会带他出去转几圈，看看外面的世界，这个时候亮亮就会显得特别兴奋。

虽然每天看上去安排得特别好，但是亮亮没有一起玩的小伙伴。

亮亮终于上幼儿园了，有小伙伴和他一起玩了。可是到了幼儿园，面对那么多小朋友，亮亮不知道该怎么和他们熟悉起来。于是亮亮开始想念在家的时候，自己爱怎么玩就怎么玩，还有老人疼爱自己，越是这样想，亮亮越想回家。在幼儿园里，亮亮开始盼着妈妈快点儿来接他。

妈妈接到亮亮，看到他一脸泪水，特别心疼。可是妈妈知道，孩子已经到了去外面接触更多人的时候，不能把他关在家里面。但是怎样能让孩子快点儿和其他小朋友熟悉、玩到一起？让孩子更好地适应幼儿园生活呢？

妈妈回家就开始问朋友，上网查资料，到处搜集方法。终于，妈妈找到了一个好方法。妈妈拿一个大口袋，装了很多亮亮的玩具，准备第二天让亮亮带到幼儿园。晚上妈妈告诉亮亮，这些他熟悉的玩具明天会陪着他在幼儿园玩，他也可以和小朋友们一起来玩这些玩具。为了让亮亮能尽快地和孩子们熟悉起来，妈妈还专门带了可以几个孩子一起玩的玩具，比如积木。

第二天亮亮带着玩具到幼儿园了，妈妈要走的时候，亮亮哭着不想让妈妈走。妈妈说："亮亮不害怕，有这么多玩具帮我陪着你。"亮亮想了想，确实有很多自己熟悉的玩具在身边，就跟妈妈说再见。

下午妈妈去接亮亮的时候，亮亮很开心，走的时候还跟好几个小伙伴打招呼。妈妈问道："你们都已经认识了吗？"亮亮说："是呀，我们今天一起玩玩具，一起搭了一个大房子。我们说好了明天还要一起拼一个车。妈妈，我明天可以带另外几样玩具去学校吗？"妈妈高兴地说："当然可以。"这样，亮亮幼儿园入学的问题就顺利解决。

为什么孩子刚进入幼儿园的时候会哭闹？

因为以前孩子一直和家人在一起，没有那么长时间地离开过家人。孩子突然到了一个陌生的地方，和陌生的人在一起，而且是长时间在一个陌生的环境，不适应是正常的。

这个时候家长可以用一些方法帮孩子适应陌生的环境，比如带一些熟悉的东西到学校，让陌生的环境里面有熟悉的因素。比如提前和周围的小孩熟悉，如果一个幼儿园里有熟悉的小朋友，他也会更轻松地融入幼儿园的环境。比如在孩子入园之前，时不时带孩子去幼儿园玩耍，熟悉环境和老师。

孩子上小学的时候又需要融入一个新的环境，这个时候可能班上一个人都不认识。而且小学和幼儿园有一个很大的不同，小学开始正式学习知识，而幼儿园更偏向于玩耍。

孩子进入小学，可能是第一次感受到学习的压力，并且随着孩子年龄的增长，很多孩子会害羞，不太敢和同学交流，有的孩子和同学熟悉起来会比幼儿园更慢。

这个时候孩子要怎么和同学尽快地熟悉起来呢？

我曾经听说过一件事，一对夫妻带着一个半岁的孩子坐飞机。因为孩子太小了，难免吵闹，于是这对夫妻准备了很多的点心，然后用好看的袋子装好，到了飞机上就开始送给旁边的人，并且说一声："不好意思，孩子可能会打扰到你。"在飞机上，大家本来互不相识，但是因为这样一个小礼物的传递和这样的一句话，大家马上就拉近了距离。

其实孩子在学校也是一样的道理，不管是读小学、初中或者高中，如果孩子到学校去，和伙伴们都还不熟悉，就不太敢打招呼。

家长可以帮孩子准备一些点心，让孩子带到学校分给同学吃，孩子们自然就会熟悉起来。

家长可以在每天放学后，问一问孩子：班上发生了什么好玩的事情？下课都是怎么玩的？这样也可以让孩子更加留意班级里的事情，很快就熟悉班上的同学。

除了刚入校需要融入集体,其实还有很多时候也需要融入集体,比如参加兴趣小组,在校外参加活动等。融入集体一方面是锻炼了孩子的社交能力,另一方面,也可以让孩子心情愉悦。集体荣誉感还会让孩子做事更有动力。

下面几个方法可以让孩子更快地融入集体。

第一,鼓励孩子帮助伙伴、老师,多为集体做事情

集体是大家的,但是集体也是由个人构成的。作为集体的一分子,要想集体更好,首先需要自己做到最好。在帮集体做事情的时候,不要去计较谁做得多,谁做得少。比较这些,最后吃亏的是整个集体。其实这也是在培养孩子的大局观,让孩子不要盯着小处。

第二,鼓励孩子向同学学习

很多家长对孩子做题很头疼,孩子如果遇到不会的题目,不去问老师也不问家长,不会做的就放任不管。孩子对老师有敬畏感,不敢问老师其实很正常,这个时候可以鼓励孩子多去向同学询问,这样不但可以增加孩子和同学的交流,而且可以解决孩子的学习问题。对成绩好的孩子,家长可以鼓励他们多帮助同学。

第三,父母多和老师沟通

当孩子读书后,在学校的时间占了大部分,家长会

变得不太了解孩子。这个时候老师反而更了解孩子的情况，家长应该和老师多沟通，及时了解孩子的情况。同时，老师一般都比家长更清楚孩子的心理，更有方法帮助孩子，家长可以让老师帮忙，使孩子在大环境里更自如。

占有欲和分享不矛盾

在幼儿园里大家会发现，每个孩子的表现都不一样。当孩子们拿着书在看的时候，别的孩子过来表示想要看这本书，有的孩子会把书递过去，说："你拿去先看吧。"然后自己玩其他东西。而有的孩子会把书抱得紧紧的，不理会来要书的小朋友，生怕书被抢走。

面对孩子的不同表现，家长的反应也不同。有的家长特别高兴："我家孩子真是太大方了，都不争抢东西。"有的家长就叹气不止："我们总是教他要让着别人一点，怎么就是不听！"

家长知道孩子占有欲强，一般想的是怎么纠正孩子的占有欲。其实在特定的阶段，占有欲并没有错，孩子学会分享也是从占有欲开始的。

两三岁的孩子正是自我意识萌芽、占有欲最强的时候。因为自我意识萌芽,孩子正在形成自我的边界感,孩子开始分辨:什么是我的,什么是别人的。这个时候不宜强迫孩子去分享。

孩子开始慢慢意识到自己和别人的区别。这个时候自我意识开始往外延伸,于是孩子开始意识到:这个东西是我的,那个东西是别人的,这样的一个概念。

如果这个时候家长强迫孩子进行分享,孩子就会陷入迷茫状态:为什么我的东西要和别人分享?那我是不是不能有自己的东西了?我所有的东西都要和别人分享吗?

这个阶段,如果强制孩子分享,反而会造成孩子长大之后,比较容易变成忍让、被人欺负的人,因为孩子在自我意识萌芽的时候就觉得,自己就是应该忍让,别人的感受比自己的感受重要,应该去满足别人的感受。

占有欲为什么和分享不矛盾呢?

因为我们要和人分享,那需要分享什么呢?需要分享的是我们自己的东西,我们不能把别人的东西,拿去和另外的人分享。所以只有当自我意识完全建立好了,认识到这个是我的东西之后,我对这个东西有使用权利。孩子才知道,可以把自己的东西和别人分享。

一群孩子到佳佳的家里玩,他们发现桌上有一盒饼干，小朋友们都想吃这个饼干。

其中一个孩子说："我们可以吃一块吗？"

另一个小孩说："不行，等佳佳从房间出来，我们问一下。"

第三个小孩说："我觉得可以吃，不是东西都要分享吗？所以我们就可以吃。"

第三个小孩为什么觉得可以吃？他从分享的角度考虑，东西既然应该分享，那么就应该可以吃。但是他没有从东西的归属角度来考虑，自己是不是有权来处置饼干。他只想到了分享，而没有想到东西的归属性。

所以孩子两三岁有占有欲的时候，家长也不要过于着急。等孩子慢慢地建立好了自我意识，理解到自己的东西，自己有权一个人享用，也有权和别人分享的时候，再引导孩子进行分享。

如果孩子已经过了这个阶段，那么就应该引导孩子进行分享了。在引导孩子进行分享的时候，有几个关键点需要强调一下。

第一，告诉孩子什么是可以分享的

不要一味地只提倡分享，一定要告诉孩子界限在哪里，如果是自己特别重视的东西，那么自己是可以拒绝和别人分享的。

朋友带着儿子去闺密家里玩，闺密有个3岁的女儿，和小男孩同年。到了闺密家里后，小男孩看见妹妹在玩一个玩具，特别喜欢，就想拿过来玩。他试着伸了伸手，妹妹把男孩推开了，不给他玩，然后男孩就抬起头，用请求的眼神望着阿姨。

看到小男孩在寻求帮助，小女孩的妈妈就走到小女孩那里，问："你想要把这个玩具和哥哥分享吗？"

女孩抱着玩具使劲地摇头，说："不，我要自己玩。"

妈妈继续问女孩："给哥哥玩一会儿，哥哥就还给你好不好？"女孩还是摇头。

女孩的妈妈只好对小男孩说："不好意思，我女儿不愿意把这个玩具跟你分享。旁边有其他的玩具，你可以玩玩其他的玩具。"

事后闺密告诉朋友，因为玩具是女儿的，所以是否分享应该由女儿做决定。

那父母要如何鼓励孩子多和别人分享？

最好的方法是大人的示范。比如大人常常去帮助朋友，愿意更多地和朋友接触，并且在和朋友接触的过程中，愿意把自己的东西分享给朋友。

孩子看到了父母分享时的快乐以及父母分享的举动，孩子就会愿意和朋友分享。

另外，多让孩子和朋友们在一起玩，也可以激发孩子的分享意识。

因为孩子在和小朋友相处的过程中，会有喜欢的朋友。和其他孩子成了好朋友，孩子就会主动拿出东西和朋友们一起玩，学会分享了。

分享是一种习惯

丽丽旅游回来后，到处给朋友们送礼物。丽丽的闺密问她："你买这么多礼物送人，你不嫌麻烦吗？"

丽丽很惊讶地看着闺密说："不麻烦，我很开心可以把这些礼物送给别人。我送礼物给别人的时候，自己也特别快乐。"

丽丽闺密就说："我觉得跑来跑去给别人送东西特别麻烦，所以我很少给别人送东西，只给几个玩得好的朋友送。"

小勇已经连续100多天在朋友圈里分享自己每日的总结。

很多朋友告诉小勇，本来自己不太会做总结，但看到他每天分享自己的总结，自己也有了做总结的欲望。

看久了之后就模仿着他的总结，自己也开始写总结。

有时候我们难免会觉得给别人送东西特别麻烦。虽然自己看书或者看电影后，愿意把感想分享出来，但是把想法写成文字，会觉得特别累。

在这个共享的时代，我们发现物质开始共享，资源开始共享。

愿意共享某方面东西的人，也在社会里面更多地被大家接受和认可，不管共享的是东西、知识或者是一些经验。

暑假快要结束的时候，微信群里忽然有家长发了一条消息：各位家长注意一下，孩子们的QQ群里有人把作业的答案共享出来了，请留意一下你们的孩子是不是直接抄答案完成作业，而不是自己写的。

看到这个消息，我首先感慨的就是，这就是科技进步带来的便利。我们读书的时候，抄个作业还要千辛万苦地跑到同学家里面去，或者是几个同学约定在哪里写作业，然后相互抄一些。现在只需要在家里面把答案传上去就好了。

孩子处在这样一个分享的年代里面，会分享的孩子能得到更多的快乐和拥有更好的人际关系，以及有更多其他的收获。

分享是多方面的。

分享可以是分享物质，比如给伙伴送礼物、写信、送贺卡，都是一种分享。

也可以是其他方面的分享，比如这道题自己会做，那么可以告诉伙伴怎么做，这是知识的分享。自己知道了一条新闻，觉得很有意思或者很有意义，拿来和别人讨论，这是资讯的分享。自己有一段不一样的经历，说出来和伙伴们分享，这是人生成长的分享。

如果要分享，首先需要拥有分享的东西，才能把这个东西和别人分享。

比如要分享读书笔记给伙伴们，那么就得先看了书，把笔记做出来，然后才能分享。对孩子也是一样的。如果孩子要在教室里和伙伴们分享一则最新的新闻，孩子就得先在家里面对新闻进行了解，然后才能进行分享。如果孩子想要分享自己的经历，那么首先孩子得有一段不一样的经历，孩子才能够把它分享出来。并且分享的过程，也锻炼了孩子的表达和思考能力。

怎么才能让孩子将分享变成习惯？

比如分享礼物，孩子可以从自己的零花钱里面拿出一个固定的比例作为购买礼物的资金，这样当孩子收到零花钱的时候，或者当孩子的钱积累到一定数量

的时候,孩子就知道该去买礼物了。

虽然有时候难免会觉得,送礼物似乎有点儿俗套。但是每个人收到礼物的时候都会特别开心。所以把孩子培养成一个喜欢送礼物的人,是一个很不错的方法。

礼物不一定要昂贵,主要是要用心。孩子在送礼物的初期,对礼物的选择很迷茫,可以引导孩子询问父母,或者让孩子自己上网搜索应该送什么样的礼物,以及制作什么样的礼物。

礼物也可以自己买材料来制作,不一定要买成品。

同时,和朋友在一起的时候,可以进行知识、资讯等分享,会让孩子有很大的进步。比如每个周一孩子都到学校给其他的小朋友讲新的新闻,并且讲一下自己对这则新闻的看法。

这样不但增加孩子对新闻的关注度,也可以让孩子和同学们有更多可以聊的话题。

同样的,在分享这个习惯上,父母可以做孩子最好的老师,比如家里面可以在周末做读书会,互相分享自己看书的心得,如果1周1次安排不了,可以1个月1次。

父母和孩子出门旅游,父母可以主动给朋友买东西。父母买的时候顺便跟孩子说:"你也来选选礼物,送给你的朋友。"这样孩子也会和父母一起挑选礼物。

第四章

第三个关键词：表达

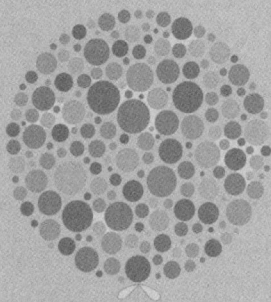

平等带来勇气

我们国家有"尊老爱幼"的传统，也有"子不教，父之过"的传统。我们总是强调各种传统，却忘了一些平等的规则。

比如乘坐公共交通工具的时候，年轻人没有给老人让位子，这是没有做到尊老爱幼的传统，但是这个做法没有违背"人人平等"的规则。何况很多老年人往车上挤的时候比年轻人厉害多了，上了车就非要年轻人让位子。这就是老年人在追求一种不平等。

因为有"子不教，父之过"的说法，很多人竟然反推出了另外一种观念："我的孩子我想怎么管都行。"所以哪怕孩子被打得凄惨痛哭，旁人也没有办法伸手阻拦，只要打人的父母说一句："这是我的孩子，你们管不得。"旁边的人就只能退开。

亚洲社会特别强调父母的权威性，这些年受到西方观念的影响，父母通过打骂孩子体现自身权威的做法已经改变很多。但我们还是处处可以听见父母具有权威的声音。

孩子看电视看得正高兴，突然旁边父母大叫一声："不准看电视，去写作业。"到了睡觉的时间，孩子还在玩耍，父母会气急败坏地说："怎么还不睡觉，还在玩？快点儿睡觉。"吃饭的时候，桌上有个菜是苦瓜炒肉，爸爸挑起苦瓜往孩子碗里放，孩子吃了一口，皱起眉头。爸爸说："吃下去，苦瓜吃了好，有什么不能吃的，大家都在吃，不准挑食。"

我有一次到外婆家，外婆已经八十几岁了，正好碰到外婆和我舅舅说："天降温了，你还不多穿一件衣服，一会儿着凉。"我听见了满脸惊讶，回头对外婆说："舅舅都已经50多岁了，你还在命令他穿衣服。"外婆回我一句："管他多少岁，在我眼里他都是孩子。"

这句话如果从母亲关心孩子的角度想，会感觉特别温暖，哪怕我几十岁了，我也是妈妈的孩子。可是再换个角度想，我都几十岁了，还不能够自己决定这些事情吗，非要妈妈在那里说？

这其实就是父母的权威性让他们没有平等地看待孩子。

当父母具有权威性的时候，权威性会阻碍父母和孩子之间的相互理解。这个时候，父母在孩子眼里是一个统治者，干预孩子的各种事情，让孩子做很多自己不愿意做的事情。而在父母眼里，孩子多大都是一个不懂事的孩子。

当孩子想要反抗父母的权威性的时候，父母就会给孩子贴上"叛逆""不听话""翅膀硬了"等标签。这种情况下，父母和孩子还能怎么愉快地沟通呢？

当父母可以平等地看待孩子，把孩子当成一个独立的人看待，父母就会发现孩子其实不叛逆，只是有自己的想法。而当父母可以平等地看待孩子，接纳孩子后，孩子也就敢于跟父母表达自己的很多想法和观点。

当孩子敢于开始跟父母表达自己的想法和观点，孩子还会觉得，原来与长辈谈话没有那么困难，那么他就会愿意去沟通。

这个时候，孩子就会学到更多的东西，同时，变得更有信心，敢于在外面发表自己的意见和观点。

一个孩子跟他妈妈说："妈妈你说吃苹果好，我每天一个苹果。小学吃了六年苹果，已经吃得厌烦了。到我上中学，你又说吃鸡蛋好，我又开始每天一个鸡蛋，吃了一年半。我就想问一下，我可以不吃鸡蛋了吗？"妈妈说："不行，必须吃，因为你长身体需要它。"

孩子看到妈妈态度那么坚决，于是屈服了，不再对妈妈提要求，妈妈对孩子的让步很高兴。妈妈只看到了她用权威让孩子吃鸡蛋，她胜利了，而没有想到她这次的胜利会对以后的事情有什么影响。

这次沟通以后，可能孩子就不会再去反抗父母，产生一种"你说什么就是什么"的想法。于是就会出现，父母说，高考读什么专业什么学校，孩子就去读。父母如果要问孩子有什么爱好，孩子会觉得，我的爱好都不重要，你们说得比较重要，所以我不需要有爱好。这样的孩子怎么能有独立性呢？而且孩子会越来越不愿意表达，既然父母说了什么，他都必须遵守和做到，那他还需要说什么吗？他已经不需要再说什么了。

平等地对待孩子，不等于纵容孩子。

所谓平等，需要父母和孩子都是平等的，那么孩子也不能够随意地指使父母，或者要求父母怎么样，就像父母不能随意地去要求孩子一样。

小杰的妈妈听专家说，要和孩子做朋友。于是在和孩子交往的过程中，妈妈鼓励小杰多表达，而且不去制止他的表达，于是小杰什么都敢表达。结果妈妈发现，自己无意间把孩子培养成了爱抬杠的小孩。妈妈说："我们今天就看一集动画片吧。"孩子会问："凭什么？为什么？"妈妈和小杰一起玩积木，结果不小心把搭好的房子碰倒了。小杰生气地说："妈妈你笨死了，花了那么多时间搭的房子就没有了。"妈妈还很不好意思地道歉："不好意思，都是妈妈的错。"

这就是父母没有理解到"平等"的真正含义。孩子这样对父母，是对父母的一种不平等。我们说父母不要去随意指责孩子，难道孩子可以指责父母吗？千万不要让"平等"变成了对孩子的一种纵容。

克服害羞，勇敢表达

笑笑和伙伴们玩闹的声音很大。可是当家里来客人，笑笑就躲到屋里，妈妈又是喊他又是拉他，折腾半天，他才出来跟客人打声招呼。老师上课提问题，笑笑从来不敢举手。

有一次老师提问之后，没有选举手的小伙伴，而是点了笑笑的名字，让笑笑回答。笑笑明知道这道题该怎么做，可就是不敢说出来，站在座位上满脸通红，他自己都可以感觉到脸上火辣辣的温度。旁边的同学看着他，发现他半天都不说话，就有其他同学使劲地举手，还有同学对老师小声地喊："老师，我，我。"

这个时候老师让其他同学安静下来，对笑笑说：

"不要害怕，我相信你，你会这道题，你大胆地说出来。"笑笑没有办法，很小声地在座位上说出答案。但是声音实在太小了，老师听不见，于是老师又鼓励他声音再大一点"我听不见，我相信你说对了。"笑笑有了老师的鼓励，终于大声地把答案说出来了，老师很高兴地让他坐下去了。

可是从那之后，老师也很少主动地让笑笑回答问题了。因为笑笑实在太害羞了，上次那一个问题，笑笑用了5分钟才把答案说出来。上课的时间对老师来说很宝贵，因为有很多东西需要教给孩子们。

生活中我们可以看到有的孩子活泼伶俐，有的孩子害羞，各有各的优点。只是在现在这个需要不断表达自己、让自己被看见的社会里，过于害羞，不能说是一个缺点，可是会对孩子各方面的发展造成一点儿阻碍。作为父母，有责任帮助孩子克服害羞，勇敢地表达自己。

在学校里，对老师来说，班上几十个学生，哪怕老师想每个都关心，做起来也是很困难的。当孩子敢于表达自己，敢于去和老师交流，敢于回答问题，老师自然会把更多的关注点投在这个孩子的身上。

孩子越被人关注，越愿意表现好，而当孩子表现越好，就越容易被关注，从而形成一个正向循环。

在说父母如何帮助孩子克服害羞、勇敢地表达自己之前，父母先要知道孩子害羞的原因。根据原因来对症下药，才能够帮助到孩子。而不能够在旁边指责，催促孩子"大胆点儿说，你怎么不敢？"在这样的催促下，可能会让孩子更不敢开口，更往角落里躲。

父母要认识到，孩子的害羞并不是一个错误。

很多时候家长的着急，反而让孩子对表现自己产生了一种畏惧感。家长如果对孩子说"你这么害羞，以后怎么办？"其实就是给孩子贴上了"你是害羞的""你这样不好的"标签。

美国心理学家贝科尔说：人们一旦被贴上某种标签，很可能就成为标签所标定的人。孩子会在心里接受这个标签。孩子会认为"我就是害羞，我不敢表达"。所以当父母发现孩子不善于表达，首先不要去贴标签。这时，父母需要接受孩子害羞这件事情，让自己不要太过于着急。

家长该如何让孩子不害羞，鼓励孩子勇敢表达。

第一，不给孩子贴负面标签

前面我们说过，贴标签会让他默认为自己就是那样的人，那么当我们不给孩子贴负面标签，贴好标签的时候，孩子也会认为他就是那样的人。当孩子身上有足够多好的标签，孩子觉得自己足够优秀的时候，也会愿意在大家面前展示自己、表达自己。

第二，给孩子时间，等他融入环境，熟悉身边的人

孩子因为很少和陌生人交往，从而害怕在陌生人面前表现。这种情况父母应该多带孩子去接触不同的人，让孩子慢慢地不抗拒和陌生人接触。最开始的时候，父母一定要注意，不要急着见到朋友，就把孩子推出去，让孩子和自己的朋友打招呼。因为很多孩子都需要慢慢熟悉，哪怕孩子开始很害羞，可能在和父母朋友接触一会儿后，孩子和周围的人熟悉了，就可以跟周围的人一起聊天了。

我们常常遇到，刚见面的时候孩子都会胆怯地躲在父母后面，而在一起玩耍，吃饭之后，等到聚会结束，让孩子和周围的人说再见，孩子就不再害怕了，可以轻松地和大家打招呼。当孩子常常接触到陌生人，也就不会太害怕陌生人。这个时候孩子就会愿意和陌生人交流，反映在家长的眼里就是孩子会和人打招呼。

第三，鼓励孩子多在外人面前表现

如果是孩子鼓起勇气当众表演。家长一定要在孩子表演后给予鼓励，比如在孩子表演的时候全情投入地观看，带头鼓掌，让孩子知道自己表现得很好，增加孩子的自信心，减少孩子的害羞。

　　如果孩子受到过挫折而不敢在外人面前表现。比如某一次在伙伴们面前表演一个节目，结果被伙伴们嘲笑了，于是就不愿意在外人面前更多的表现。或者总是被家长批评，导致孩子觉得自己很差，也就不愿意在外面过多的表现。这个时候，家长最重要的是帮孩子重拾信心，家长需要集中地看到孩子的优点并且告诉孩子他的优点。

用正确的方法表达拒绝

　　佳佳小学时读住宿的学校。今年六一，学校做活动，妈妈到学校去看了六一活动。活动结束已经晚上8点了。活动还没结束的时候，佳佳就跟妈妈说，她想要跟妈妈一起回家，让妈妈去和老师说一下。

　　妈妈心里特别纠结，如果要带她回家，回去就该睡觉，因为第二天早上7点就得往学校送，很麻烦，而且老师刚说了最好不要把孩子接回去；不接回家看着孩子又觉得有点儿心疼，而且开始和孩子说好了不回家，现在接她回家就破坏了开始说好的规则。

　　妈妈陷入了纠结，佳佳一看妈妈没有答应自己，就在旁边哭起来了。佳佳抱着妈妈小声地哭，边哭边说：

"我想回去，我想回去。"孩子这一哭，妈妈的心情更乱了，不知道是不是该把她接回去。

佳佳哭了好一会儿，妈妈还是没有考虑出来答案。这个时候老师看不下去了，过来对妈妈说："你要接她回去，还是不接她回去，你直接告诉孩子就好了。别在这里纠结，孩子哭得多难受。直接拒绝，也比你这样纠结来得好。"这时候佳佳的妈妈才反应过来，自己这样暧昧的态度反而让孩子不知道该怎么办。

有了老师的提醒，妈妈马上对孩子说："今天晚上不回去，开始我们不是说好了。但是妈妈等会儿可以到寝室去，看到你睡了，妈妈再离开。"佳佳想了想，也同意了妈妈的建议。

孩子常常在生活中有各种各样的请求，这个时候父母除了同意孩子的请求，难免也常常有拒绝孩子请求的时候。父母在拒绝孩子请求时，常常会采用一些错误的方法。

1.根据自己心情，改变商量好了的规则

孩子路过商店，常常会让大人买东西，有的父母可能会说"不能买"，就直接拒绝了。但是偶尔碰上父母心情好，孩子说想要买东西的时候，父母又会说"好，就买这一次。"孩子也愉快地同意了。结果家长的这一次破例就让孩子觉得，父母的规则是可以打破的，说不

定下一次又会例外，于是要东西的频率就更高了。

而且父母根据心情来做事情，而不是根据原则来做事情，这种做法最后会让孩子也变成一个随着情绪变化而改变自己做事方式的人。

2.用说教的方式拒绝

有的家长特别喜欢在拒绝孩子之后，还想让孩子理解到背后很多的道理。于是家长就会给孩子讲特别多的道理。但是当孩子被拒绝，情绪已经变得消沉了，此时父母再讲一大堆道理，孩子第一感受就是："好烦，不同意就不同意，还说这么多，爸妈真是太唠叨了。"

比如去超市买东西，孩子说："爸爸，给我买一袋薯片。"

爸爸："不行，薯片是垃圾食品。你知不知道，薯片吃了容易长胖。你想变成一个小胖子吗？胖了就不好看。而且长胖了容易有各种疾病。并且薯片还含铝过量，会抑制骨生长……"

家长在拒绝孩子之后，尽量地用一两句话，简单地讲清楚原因就好了。比如，不能吃薯片，吃了对健康不好。我们可以换个其他吃的，你再找一找其他零食。

要讲道理，可以换个时间，用其他的切入点去引入，而不要在拒绝要求的当下就一直说。

3.用暴力的方式拒绝

这点也特别常见，暴力并不只是指父母打骂孩子，使劲地拖拽孩子或者强迫孩子，都是一种暴力。

我们常常可以在商店看到，小朋友要一样东西，妈妈没有满足孩子。于是小朋友就开始在地上打滚，大哭大闹。

这个时候旁边的人全部都望着孩子和妈妈，妈妈就觉得没有面子，特别不好意思，然后把这种情绪转化成一腔怒火。

愤怒的情绪让妈妈把孩子提起来，对着屁股就是几巴掌，边打边说："今天看你的脾气大还是我的脾气大，你还在这里给我发脾气。"然后使劲地把孩子拖出商店。

其实这个时候妈妈不需要发怒，小孩子哭闹是很常见的，不需要觉得不好意思，让怒火控制了自己。

如果妈妈不发怒，就会发现此时有其他的处理和沟通方式，比如冷处理，让孩子自己在那里闹一会儿，发现没有用，他就不会再闹。而且，既然没有用，以后他也不会采用这种方式。

4.心软，让父母从拒绝变成不拒绝

父母对孩子的疼爱是毋庸置疑的。所以常常导致

父母面对孩子的一些小请求，特别容易心软。再碰上一些比较会撒娇的孩子，家长就很容易投降了。

比如夏天的时候，路过商店，孩子和妈妈说："妈妈你看这么大的太阳，我们都走了这么久了，我好渴，你给我买一瓶饮料吧。我都一个月没有喝饮料了，就喝一瓶，好不好？"

如果碰到容易心软的家长，就会动摇，从而破坏自己和孩子的约定，给孩子买了饮料。

此时有两个选择，一个是坚持不买，一个是以后就放弃这个坚持，这就看父母怎么决定。不能一时可以买，一时不能买，从而让孩子不能判断，只能不断地通过要求来打探，到底是可以还是不可以。

父母如何更好地拒绝孩子？

1.用"可以"代替"不"

孩子有的要求，只是在当时的情境下不可以，换一个情境是可以满足孩子的。这个时候父母就可以用"可以"代替"不"。

比如马上就快吃饭了，这个时候孩子跑来告诉妈妈"妈妈，我特别饿，我想要吃一块饼干。"

这个时候妈妈可以回答孩子："我们可以吃饼干，但是我们要在饭后吃，而不能在饭前吃，知道吗？吃了饭以后,允许你吃两块。"

这样的拒绝方式就会让孩子觉得,虽然要求的满足转换了时间,但是自己的要求毕竟得到了满足。

2.用提问代替拒绝

晚上到了睡觉时间,孩子想不刷牙就去睡觉。

这个时候,妈妈可以问孩子:"为什么你今天不想刷牙?"

孩子可能会说:"今天累,我不想刷牙。"

妈妈可以说:"你累了,可是牙齿里面的坏蛋没有休息,他们会趁你睡着破坏你的牙齿,那怎么办?"

3.抓大放小

其实除了一些原则性的和很重要的方面家长需要坚持以外,其他很多时候,家长不需要管得特别严,因为这样会破坏孩子的自主性和独立性。

所以家长可以思考一下,最想孩子做到的一些重要方面,在这些方面坚持自己的原则,而在不重要的方面,可以尽量地满足一下孩子。

开家庭会议能锻炼孩子

前两天有一个家长对我说，老师告诉他，孩子在学校不敢回答问题。老师对孩子提问，哪怕孩子知道这个题该怎么回答，站起来就是不愿意开口。

现在这个时代，酒香还怕巷子深，孩子不愿意表达，着实让人着急。

锻炼孩子表达自己的一个简单方法就是：一家人常常坐在一起，开家庭会议。

如果你以为家庭会议就是坐在一起聊天，那么你一定是对家庭会议有什么误解。

明明家有爸爸、妈妈、明明3个人。这周他们要讨论的主题是家务的分配。

明明先发言，因为这个主题是明明提出来的。

明明说："我每天都倒垃圾，这不公平，你们都没有倒垃圾。"

轮到爸爸发言，爸爸给出的理由是：自己上班回到家已经特别累，而且经常还需要在家加班，自己也常常洗碗。明明看起来是家里最轻松的一个人，所以倒垃坂这个简单的家务，明明就应该承担。

轮到妈妈发言，妈妈的理由是：工作一天，回到家她还需要做饭，收拾房间等，所以她也觉得明明倒垃圾没有问题。

又轮到明明说："我读了一天书也很累，而且我不是说我不做家务，我只是不想每天都是倒垃圾这一个家务，比如如果今天我收拾了自己的房间，妈妈是不是也可以去倒一下垃圾？"

这个时候爸爸说："那要不这样，我们把家里常做的家务都写下来，然后来抓阄，大家抓到哪个家务，这一周就做那个家务。明明觉得怎么样？"

明明想了想，说："如果我抓到的是做饭怎么办？我不会。"

妈妈："那你抓到做饭，你觉得怎么办比较好？"

明明："如果我抓到做饭，我就跟你们换一个纸条好不好？"

爸爸："没有问题。"

于是明明找来纸，写上扫地、倒垃圾、做饭、洗碗、收拾房间、用洗衣机洗衣服这几种家务。大家开始抓。最后确定的是：爸爸倒垃圾、洗碗；妈妈做饭、用洗衣机洗衣服；明明扫地和收拾房间。

通过明明的家庭会议我们可以看出，首先，父母给了孩子平等的权利，并且鼓励孩子说出他自己想要讨论的问题，才会有家务分配这个主题。

其次我们可以看到，在讨论的过程中，大家都需要表达自己的理由。

这里有一个要点：父母不要对孩子的理由进行评判，这样孩子就敢大胆地表达，把自己的理由说出来。

因为孩子在外面不敢回答问题，常常是害怕自己回答错了，被人取笑或者被批评。

当他习惯了自己想到什么都可以说出来，第一反应就会是去回答问题，而不是担心答错了问题会被大家笑。孩子整个的关注点就已经变了，这样他就越来越敢在外面说话了。

家庭会议可以培养多方面的能力，比如计划决策的能力、沟通表达的能力、思考的能力，等等，还会让家里的氛围变得民主，使父母有固定的时间和孩子进行沟通。

随着二胎的增多，两个孩子之间的矛盾、父母和孩子之间的矛盾也会越来越多。家庭会议就提供了一个很好的平台。

不怕有矛盾，因为所有的矛盾都可以说出来大家一起发表意见。开放式的表达,可以让父母更了解孩子的想法,也会鼓励孩子敢于表达自己。

美国儿童心理学家鲁道夫·德雷克斯说:"社会赋予孩子越来越多的权利,他们也逐渐意识到自己的平等地位,因此有必要让他们作为平等的伙伴参与到家庭事务当中。"

而让孩子参与到家庭事务中的一个好方法就是开家庭会议。

开家庭会议有以下几个要点。

(1)最好一周或者两周固定开一次家庭会议。这样可以让大家有更多的沟通会议,也可以避免各种理由的拖延。

而且,有一个固定的时间,如果孩子遇到问题,他就知道什么时候自己可以把问题提出来讨论。

(2)不强制每个人必须参与。我们要求时间固定,难免有人可能有其他事情,时间协调不过来,少一个人也没有关系,同样可以开会。

(3)父母不对孩子的意见进行批评,只有在孩子知道父母不会干涉他发言的时候,孩子才会大胆地说出自己的看法。

孩子也会对父母的意见提出反驳,这样可以增加孩子的思考力。因为他要反驳父母的意见，一定需要思考，得出自己的理由。

(4) 会议需要有主持和记录，主持和记录大家轮流担任。当会议的主持人，可以培养孩子的表达和领导力，做记录是为了避免开会之后遗忘了所做的决定。

在会议结束的时候，还需要对记录进行签字确认，这时常常会发生，记录错误需要修改的情况。因为和自己紧密相关，所以孩子在签字的时候也会很仔细地再看一次记录，培养了他的细心。

(5) 在开会之前，大家先沟通好要讨论的主题，这样让每个成员都可以提前思考一下主题。

(6) 会议结束的时候安排一个小游戏，以愉快的氛围结束会议，不要把家庭会议的气氛弄得过于严肃。以愉快的氛围结束会议，会让孩子心里对会议有一个快乐的感受，同时会对下一次的会议充满期待。

第五章

第四个关键词：勇敢

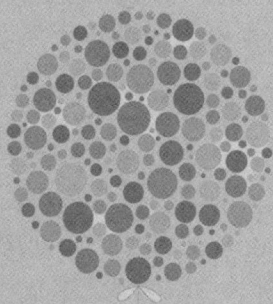

哪些问题该让孩子承担

父母们可能有过这样的经历：孩子成绩差了，你内心着急，买辅导资料，找课外辅导；孩子和朋友吵架，你希望孩子能够从其他的角度来思考这个问题，和朋友和好；孩子不想写作业，你用劝说、叮嘱、怒吼、打骂等方式督促他写作业。

父母做这么多吃力还被孩子埋怨的事情，是为了什么？

一个家长对我说："如果我现在不努力培养孩子，不让孩子具备优秀的能力。等孩子长大，到了社会上，就会吃很多苦，吃很多的亏。如果孩子注定要挨一巴掌，我希望是现在自己给孩子一巴掌，而不希望等孩子到了社会上，由现实给他一巴掌。因为我不知道，现实给孩子的那一巴掌，会给得多重，会不会让孩子爬不起来了。而我给孩子的一巴掌，我是知道轻重的。"

所有父母在管教孩子的时候，都是这样告诉自己的：我是在帮助孩子，我是为了孩子好。

只是，父母是万能的吗？作为孩子的父母，你可以帮他解决他遇到的一切困难吗？

没有办法！当孩子慢慢长大，你会发现孩子的很多问题，不是你想去帮忙就可以帮到他。到了父母帮不上忙的时候，父母又常常会埋怨孩子：你要自己解决问题，你已经长大了。

可是解决问题的能力不会因为年龄的增加而自动就具备。孩子的头脑中有很多封印，当他12岁的时候，解开一些封印，于是他马上就知道如何处理问题。当他18岁的时候，又解开一些封印，以前做不到的事情，他就能做到了。

那孩子解决问题的能力是怎么来的？

孩子解决问题的能力，只有从小的方面开始，慢慢地锻炼出来。

当你埋怨孩子"怎么这么简单的问题都不能解决"的时候，你是否想到，以前孩子该接受锻炼的时候，你都争着帮孩子做，孩子并没有得到这方面的训练。

父母应该知道哪些问题是孩子自己该承担、该解决的。

虽然父母看见孩子解决问题的方法不完美，心中有很多建议想要给他，想要帮助孩子，但是都请忍一忍，看着孩子自己去解决。可能最后，孩子解决得并不成功，但是，这是他的一个成长机会。

当然父母也不能以让孩子成长为借口，把所有问题都推给孩子自己解决，这也是不现实的。父母一定要对问题进行区分，知道什么时候该帮忙，什么时候不应该帮忙。

美国心理学家托马斯·戈登把亲子之间的问题分成三类：第一类是属于孩子自己的问题。第二类是属于父母的问题。第三类是需要孩子和父母共同解决的问题。

下面我们就对这三类问题进行一下区分。

第一，属于孩子自己的问题

就是孩子会在生活中经历的问题，是独立于父母之外的，也就是作为一个独立的个体会遇到的问题。比如和朋友的矛盾，肚子饿了，学习上遇到困难了，等等。这样的问题，成人也会遇到。当成年人遇到这些问题的时候很清楚，只能自己想办法来解决它们。

第二，属于父母的问题

这个时候其实是父母的需求被干扰。比如你要在

家忙一会工作，孩子希望你讲故事；你在做饭的时候，孩子跑来问你很多的问题；你和朋友聊天，孩子一直在旁边喊你。

第三，需要孩子和父母共同处理的问题

这类问题其实是孩子和父母的矛盾。并不是说谁对谁错，而是任何两个独立的个体在相处的时候，都不可能不产生矛盾。

不只是孩子和父母之间、夫妻之间、同事之间，只要是两个不同的人，有不同观点，就会有冲突。

孩子自己的问题，需要让孩子去解决。父母这时需要做的是一个观察者、倾听者。父母需要相信孩子解决问题的能力。

每个人在小时候都充满了想象力和创造力，随着年龄的增长，各种规则和限制让人的想象力和创造力越来越少。所以，一个问题的解决方法，孩子能想到的方面其实比父母更多，他们的方法往往会更出乎父母的预料。

5岁的豆豆中午不认真吃饭，下午的时候就饿了，跑去找妈妈。

豆豆：妈妈，我饿了。

妈妈：那么怎么办？

豆豆:你做点儿吃的给我好不好?

妈妈:我们中午说好了的,中间不吃东西,要晚饭才能吃啊。

豆豆:我饿了。

妈妈:除了吃东西,你还有什么方法可以让自己坚持到晚饭吗?

豆豆:不吃东西坚持到晚饭啊?我不知道。

妈妈:你想想,还有两个小时就吃晚饭了,你怎么坚持两个小时?

豆豆:那我去睡觉吧,睡着了我就不饿了。

妈妈:还有其他方法吗?

豆豆:我去喝牛奶,可以吗?那里放着牛奶的,喝了我也许就不饿了。

妈妈:可以,还有其他方法吗?

豆豆:我去画画,好像我画画的时候也不太饿。

妈妈:很棒,豆豆有这么多方法可以用,那你自己去做自己愿意做的事情吧。

豆豆真是出乎妈妈的意料,竟然可以想出这么多方法。各位父母,如果你们愿意让孩子多自己思考一

下，孩子们也会给你们带来很多的惊喜。

　　在让孩子自己思考之前，你可以问自己：我是要复制一个和我一样的孩子吗？我为什么一定要在这个问题上教孩子？我的方法一定是正确的、最好的、最适合孩子的吗？我能接受孩子的想法和我不一样吗？

　　当你自问自答这几个问题后，你就可以更好地面对孩子的思考，更愿意接受孩子给出的和你不一样的答案，而不会匆忙地去表达自己的想法了。

面对错误，是一种成长

　　美国有一部电影《意外的人生》，讲的是一个有名的律师，看起来必输的官司，到了他手上都可以赢。他不只在法庭上厉害，对12岁的女儿也很严厉。他把孩子送进严格的住宿学校，孩子不小心打翻一杯果汁之后，都要被他当罪犯一样的审问，而且在审完之后，他还会得意地说一句："看，我赢了！"

　　后来他遇到了劫匪，被打伤，住医院。醒来之后，他什么都不记得了，重新开始学习说话、走路、认字。他生病之后回家，女儿又一次不小心地把果汁打翻了，这个时候他不但不生气，还说："那有什么关系呢？每个人都会犯错。"接着开玩笑地把自己的果汁推倒了。

是的，那有什么关系呢？每个人都会犯错！

这个道理我们都知道，可是在孩子犯错的时候，父母总是会被情绪所控制，急得跺脚。父母仿佛从这个小小的错误，看到了孩子后面被毁掉的一生。但是，每个人都是从错误中不断地成长起来的，不但大人在成人之后还会不断犯错，就是老年人也是在不断犯错。

没有人敢说自己不犯错误。

但是，家长的指责就会让孩子认为，犯错就是一种错误。孩子有了这种观念，就会害怕犯错。那怎样才会少犯错呢？做得越少，错得越少。孩子会慢慢地发现这一点的：当我什么事都不做的时候，可能父母还会减少指责我的可能，一旦我去做更多的事情，犯错的概率就会大增，被父母责骂的概率也会大增。于是孩子开始减少做各种事情，开始减少尝试新的事情。

当孩子做事很少的时候，父母的关注点是：你怎么这么懒惰！父母完全没意识到，孩子如果做很多事情，犯错的时候，自己会说一大堆责怪孩子的话，让孩子害怕，不敢做事情。

失败是成功之母，人们总是在出现大的失误时才想到这句话，而没有想到过，我们所有走的痕迹，都是在经历很多次失败之后才成功的。

比如孩子小时候，不会用筷子，也不会用勺子，只会用手抓。后来孩子慢慢地学会了用勺吃饭，再大一些，学会了用筷子吃饭。在学习的过程中，孩子都是经历了很多次失败，才学会了如何用勺子，如何用筷子。

比如我们写字。我们现在可以写很多的字。但是最开始学习123这些数字的时候，哪怕是1，我们也写得歪歪扭扭，后来逐渐才能把1写得好看。甚至包括我们写书法，为什么要从最简单的横竖撇捺开始练？就是因为要把以前写字的错误，一步一步地纠正过来。先把笔画的错误纠正，再把字形的错误纠正，最后写出来的字才会好看。

家长给孩子辅导作业的时候总是会说："这么简单的题你怎么都不会？"但是家长们常常忽视了，"2+2=4"对很小的孩子来说，那就是一道难题。

当你已经读初中了，再回头看小学一二年级的题，你会觉得特别简单。但是当你正在读小学一二年级的时候，每一次的考试、每一次的练习，其实对那个年龄段的你来说都是困难的。

正因为困难，我们才需要学习。如果特别简单，根本就不需要老师在教室里教了，家长在家里面随便说一下，孩子就懂了，这才叫简单。为什么要到学校里面，让老师专门地教孩子学习呢？就是因为这些知识不简单。

孩子也在不断地发现自己的错误，改正错误，一步步向前，获得成长。

从小学到初中再到高中，在学习的过程中，有一样东西对孩子的学习有很大帮助，那就是错题集。

如果不把错误的知识点弄清楚、弄明白，下一次考试还是会错，再下一次考试仍然会错，这样成绩怎么能有进步？

和学习一样，在人生的过程，我们也要不断地发现错误并且改正错误，才会获得成长。

家长不应该在发现孩子错误的时候，只去指责孩子的错误，而是需要帮助孩子正确地面对错误。家长不能只看到：孩子这次考了90多分，不错。而下一次孩子没考好的时候又埋怨：怎么才考了70分，太差了。

家长需要知道90分错的题和70分错的题，错误的原因一样吗？如何避免下次再犯这样的错误呢？

可能90多分错的那一道题，是孩子自己真正不懂的一个知识点，70多分错的5道题都是因为孩子粗心马虎错的。

这个时候家长最需要做的是，帮助孩子知道为什么这些题会错，错误的原因是什么，以后如何避免，而

不是仅仅去看分数是多少。

人生的成长过程也是一样的，没有人敢说自己从小到大不犯错。

正因为犯了错误，我们才会知道正确的该如何做。所以在孩子犯错了的时候，家长最重要的是帮助孩子面对自己的错误，而不是去指责他们的错误。

家长不但要告诉孩子为什么这件事情做错了，并且还要激发孩子一起来讨论，怎么做更好，以后如何避免这样的错误。

当孩子犯了错误，面对的不是指责，而是如何解决的时候，孩子才会更有勇气面对错误。孩子不会因为害怕被责骂而不去做事情，或者撒谎隐瞒犯的错误。

而且生活的教训和经验，越早遇到，越早学会越好。因为当孩子到了20多岁，人们就会默认20多岁的人已经知道所有的社会基本常识，不会再犯小孩子犯的错误。

可是如果孩子没有足够的计划来学习成长，那么当孩子在20多岁到了社会上，就必然被人们认为是一个不懂事的人。那时孩子才来学习很多经验和教训，说不定会让孩子进入社会后吃大亏。

没把握的事情也敢做

　　说到没有把握的事情也敢做，最出名的人一定是埃隆·马斯克。支付宝模仿的是美国的PayPal，而PayPal就是埃隆·马斯克创立的。

　　在埃隆·马斯克说他要造火箭的时候，他自己对于火箭还一窍不通，所有人都说他是在做白日梦，最后在他的努力下，全世界私企的第一个火箭飞上了天。

　　在火箭飞上天之后，埃隆·马斯克又开始了电动汽车的制造。在他说要造电动汽车的时候，电池续航的问题还是一个不可攻克的难关。最后，他又突破了这个难关，造出了特斯拉。

　　为什么他敢做这么多别人做不到的事情，甚至在所有人都告诉他，你没有希望，不要去做，一定会失败的时候，他还是会去做呢？

　　因为他们的家族就具有冒险精神，他的外祖父教导家里面所有的人：你能够做任何事情，你只需要做出决定，然后放手去做。

　　当他外祖父在72岁时因为练习驾驶飞机着陆，不

幸去世时，埃隆·马斯克还在蹒跚学步。但是他在童年里听了许多自己外祖父的英雄事迹和探险经历。而他的妈妈也是在不断探索的路上前行，60多岁还在继续从事模特事业。

正因为家庭氛围让家里所有人都充满了好奇心和行动力，所以才会成就具有传奇色彩的埃隆·马斯克。

现如今，犹太人获得了很大的成功。在美国，犹太人的比例只有2%，但哈佛的学生有四分之一是犹太人。犹太人占全球人口的比例约为0.3%，但获得诺贝尔奖的比例却高达20%。

所有人都知道犹太人在长达2000年的时间里，没有自己的国家，一直颠沛流离，并且在任何一个国家都被排挤。

正因为犹太人一直颠沛流离，一直被打压，所以他们不相信命运，他们相信什么都要靠自己奋斗。

不相信命运，也就是说，犹太人不相信这件事我命中注定做不了。

不知道有多少家长给孩子说过，你没有这个天分，这件事情需要有天分的人才能做成。不去试一试怎么知道就不能成功呢？如果连试一试都不敢，那么孩子面对的枷锁就会更多。

我们总是说要鼓励孩子的好奇心，鼓励孩子的行动力，可是在生活中，父母总是有很多的担心阻碍了孩子的好奇心和行动力。

比如孩子开始喜欢画画，孩子可能会拿着笔到处画，这个时候父母会说：不要画在墙上，不要画在被子上，不要画在沙发上，你可以拿笔在纸上画。

可是有多少孩子的家里，随时都可以让孩子轻松地拿到一张纸？如果是孩子能够轻松拿到纸的情况，房间极有可能有变成了到处是纸。这个时候，家长又会觉得：怎么满屋子都是纸。

当孩子长大一些，父母看见别的孩子充满了绘画的兴趣，于是问孩子：你想学画画吗？我们去学画画。

孩子说：我不想学画画。

父母说：你想学弹琴吗？要不送你去学钢琴吧。

孩子说：我也不想学钢琴。

这个时候父母常常会很生气地说：怎么这样也不愿意，那样也不愿意，你怎么就没有一点儿兴趣爱好？

殊不知正是在孩子有很多兴趣爱好的时候，父母阻止了孩子兴趣爱好的发展，于是孩子的兴趣爱好都没有了。

父母的各种阻止、各种不允许，不只阻止了孩子的兴趣爱好，其实还阻止了孩子的好奇心和行动力。

孩子小时候的好奇心主要体现在不断地提问。可能在大人眼里孩子的行动变成了各种破坏。为了不让孩子造成各种破坏，从而对孩子进行很多限制。

大人常常被孩子的十万个为什么所困扰，开始还有兴趣回答一下，后来便开始用各种理由推脱，因为问题太多。

对于鼓励孩子提问，有一个妈妈的方法特别好。妈妈为了鼓励孩子提问，告诉孩子，任何时候只要有问题都可以去问她，并且在孩子提了问题之后，她还会表扬孩子："这个问题问得太好，能问出这个问题说明你进行了思考"或者是"这个问题我也不知道答案，我们一起去寻找答案吧"。

在找到答案后，对孩子说："谢谢你提出这个问题，妈妈也学到了新知识"。

所谓任何时候都可以提问，哪怕是妈妈在做饭的时候，如果孩子来提问题，妈妈就要把火关了，耐心地听孩子把问题说完，然后认真地回答了问题，并且对孩子提问的行为进行表扬或者感谢。

在孩子高兴地离开之后，她再把火打开，继续做饭。因为在她看来，做饭这件事儿，远远不如培养孩子好奇心重要。

关于鼓励孩子动手，我也知道有一对父母做得特别好。孩子只有3岁，这个年纪正是什么都不懂，但是很喜欢动手尝试的阶段。

一天孩子在家里玩得特别高兴，突然跑到厨房把米缸端到了客厅，原来孩子准备玩米。

果然，随后就见他又跑到厨房去，拿出了各种锅碗和一些其他的工具，自己在客厅开心地玩起了游戏。

换成大部分家庭，一定会进行阻止。因为米粒比较小，如果弄得到处都是，收拾起来其实还挺困难的。客厅被弄乱，这也是必然的事情，父母会增加工作量。

不过他的父母并没有阻止他玩米，因为父母觉得，大米最后可以全部收回来，洗干净了照样是可以吃的，玩一玩没有关系。

过了一会儿，小家伙把玩的工具递给爸爸妈妈，让爸爸妈妈陪他一起玩。

爸爸妈妈笑着和他一起玩了起来，全家都玩得很开心。最后游戏结束了，孩子和爸爸妈妈一起把所有的米都收拾起来了。

如果要鼓励孩子的行动力，父母就要清楚，自己阻

止孩子做某件事情的原因是什么？如果是为了让自己更轻松，那么就应该好好思考一下。原则上，除了对孩子有危险的行为和不符合社会规范的行为，其他的可以放手让孩子去体验。

要不要放弃兴趣班

现在父母都特别重视培养孩子的兴趣爱好，先不说孩子上这些兴趣班经济上的开销有多大，单单在学习过程中，孩子和父母付出的精力真的是无法计量的。孩子到了小学高年级和初中，开始面对新的问题，兴趣班到底要不要继续学习？

丽丽学舞蹈已经七年，今年读初一。初中的学习开始变得繁忙，学习的压力也比小学时候增加了很多。初中三年似乎很长，可是在妈妈看来，三年一晃就过了，因为小学六年，现在回头看，似乎也是一眨眼而已。

为了保证丽丽能够考上重点高中，从而能够进好的大学，丽丽进入初中之后，妈妈坚持让丽丽放弃学习舞蹈，全身心地投入到学习上面，提高成绩是第一重要的事情。

为了放弃跳舞这件事情，丽丽和妈妈起了争执。

丽丽：我是真的喜欢舞蹈，我就是想要跳舞。我知道你担心我影响学习，但是我向你保证我会努力学习的。

妈妈：我不是需要你保证你会努力学习，我要看到最后的结果。如果你可以考到年级前100名，我就让你去参加舞蹈学习。

丽丽很为难地说：前100名我做不到呀，我现在年级400名，你要我一下子变到年级100名，这怎么可能？你就是故意不要我学习舞蹈。

最后讨论不欢而散，似乎小丽和妈妈都没有达成自己的心愿。

恬恬今年上初中了，也面临同样的问题，只是和丽丽不同，面对初中紧张的学习，恬恬想要放弃已经学了几年的古筝，但是妈妈不想让她放弃。

妈妈觉得古筝已经考到七级，现在放弃太可惜了。但是恬恬觉得初中学习压力变大，再加上学习古筝，真的太累，她已经感到自己承受不了。

妈妈问恬恬：你为什么要放弃古筝呀？

恬恬：因为太累了，我不想要这么累，太难受了。

妈妈：没有人的人生是容易的，你不能因为怕累而放弃，所以我不接受这个理由。而且别人都能做到为

什么你做不到。

恬恬:你不要拿别人和我比!别人是别人,我是我,为什么别人做到了,我就一定要做到!

恬恬和妈妈的沟通也以失败而告终。

我们可以看到虽然两个沟通都失败了,但是两个故事有明显的不同,一个是孩子想要继续坚持自己的兴趣爱好,而妈妈不同意,另一个是妈妈想让孩子坚持,而孩子不同意。

第一个故事,我想作为旁观者,都是赞同让丽丽继续学舞蹈的,因为这是她的兴趣爱好,为什么父母一定要把孩子强烈的学习欲给抹杀?父母在嘴上说着,成绩不是衡量孩子的标准。可是面对孩子的成绩,父母仍然做不到平淡面对。但是第一个故事其实可以在两者之间追寻一个平衡点,以爱好激发孩子的功课学习,而不是必须2选1。

第二个故事,孩子不想练古筝的理由是太累,而妈妈想让孩子坚持。作为成年人,我们回头看看自己成长的历程,总会发现人生中有一些放弃,让我们懊恼不已。我们也许会在心里面想,如果当时我们没有放弃,现在也许就会不一样。

这种情况下父母应该转变思维,不是让孩子如何坚持下去，而是认真思考，孩子是否对古筝没有兴趣了？如果孩子对古筝还有兴趣，只是因为太累了而不想学习的话，那么父母可以在调节孩子日常生活节奏和孩子心态上想办法。

面对孩子不想要继续某种兴趣爱好的时候，父母应该不断挖掘孩子对这样兴趣的热情，帮孩子维持热情，而不是采用强迫的方式。当父母使用强迫的方式来促使孩子学习兴趣爱好的时候，会打击孩子对这个兴趣的热情。

家长首先要认识到孩子参加某项才艺的学习，并不意味着孩子要终身学习这项才艺。其实想一想，我们自己也是今天想要学习这个，明天想要学习那个。这两年学习热潮兴起，相信很多人都囤了不少的课，其中很多课程不是都学着学着，就放弃了吗？

让孩子学习，最关键的是孩子对这项才艺有兴趣，而不是我们家长因为自己的某些认识让孩子学习。

为什么学钢琴？因为弹钢琴看起来很高贵。孩子知道什么是高贵吗？不一定知道，所以弹钢琴显得高贵，这个一定是家长让孩子学钢琴的理由，而不是孩子学习的理由。

父母让孩子学习才艺是为了什么？大部分父母并不是为了孩子以后能够成为画家，成为音乐家，其实更多的是希望孩子有一门兴趣，能够激发孩子更多的活力，让孩子有一个爱好而已。

很多人不知道，如果你不断地告诉自己：我需要坚持做这件事情。那么这件事情到最后，大的概率是放弃。因为当你需要用上"坚持"二字的时候，就说明它根本就不是你心中真正想要追求的目标。

不要用"坚持"二字当作借口，强迫孩子继续学习。

如果孩子现在放弃了这样才艺的学习，哪怕孩子在20年之后回想，觉得后悔自己当年放弃了继续学习有点儿可惜，可如果20年后他要继续开始学习这项才艺，他同样可以继续学习，并且因为有底子，会比别人学得更快。

相对"坚持"来说，家长更需要做的是如何激发孩子的兴趣爱好。只要孩子有兴趣，就不会轻易说放弃。

那么如何激发孩子的兴趣爱好呢？

需要孩子真正体会到这个兴趣带给他的美好感受。也许是孩子弹琴时其他小朋友惊喜的眼光；也许是孩子弹琴时，自己沉浸其中的美好；也许是孩子弹琴时，陌生人的一句表扬……这些都是对孩子的鼓励。

所有兴趣爱好的学习，都一定会遇到困难，那么遇到困难的时候如何给他支撑？

除了美好的感受以外，父母可以帮助孩子寻找一个偶像。当孩子遇到困难的时候，孩子会想到这个偶像是怎么做的，想到偶像面对那么多的困难仍然继续往前，孩子的内心就会充满无限的动力。

挫折教育是个误区

有则新闻，我当时知道的时候还挺吃惊的。一个六年级的孩子品学兼优，经常得到老师的表扬，本来班上准备做一个活动，他负责让大家移动桌椅，把桌子围成一圈，摆成活动的场地。他刚让大家把桌子摆好，结果一个老师进来说还要上一节课，怎么现在就摆上了，快点马上恢复，要上课了，把课上了再移动桌子。结果这个孩子就生气了，而他生气的方式竟然是跳楼。

当时这则新闻出来之后，网上一片喧哗，说现在的小孩怎么这么小的挫折都受不了，老师就说了两句，竟然就跳楼了。再加上这几年各种儿童自杀事件，理由千奇百怪：父母一句责备，考试失败，假期作业没有完成……在旁人看来，很小的事情，竟然就让孩子选择了不归路。

因为这些事情发生的频率越来越高，家长们也开始重视孩子对挫折接受度的教育，希望提高孩子的抗压能力，于是挫折教育开始被重视。

那什么是挫折教育呢？挫折教育是指让受教育者在受教育的过程中遭受挫折，从而激发受教育者的潜能，以达到使受教育者切实掌握知识并增强抗挫折能力的目的。

为什么很多人觉得孩子需要挫折教育？

理由是：现在的孩子不缺吃、不缺穿，生活特别顺利，没有什么挫折，所以才会因为一些小事情就做出极端的行为。因此现在的孩子特别需要挫折教育。

我们把这个理由分成两部分来看。前半部分是，现在的孩子不缺吃、不缺穿。大部分老年人回忆起自己的童年都会有挨过饿、没有衣服穿的回忆。对大人来说，至少小时候的物质条件都没有现在的好，所以觉得现在的孩子是身在蜜糖罐里面的。

但是年轻一点、在城里长大的父母，在吃、穿、用方面，并没有欠缺。难道这一批孩子成长得就不好了吗？甚至可以说，因为这批家长是第一代独生子女，得到的宠爱比现在的孩子更多。

不缺吃、不缺穿，难道是这些孩子的错吗？发达国家近百年来都不缺吃穿，他们的孩子也没有变得极端。

因此不缺吃、不缺穿，不能成为挫折教育合理化的理由。

理由后半部分更加不合理：孩子生活特别顺利，没有什么挫折，所以需要接受挫折教育。

大家可以回忆一下自己小时候的成长历程，真的特别顺利吗？你会经历考试之前的紧张；会和朋友闹矛盾；会因为今天穿了一件不漂亮的衣服，被其他人说而不高兴；甚至会因为吃饭吃少了，被父母教训等。

现在回看这些困难，你可能会觉得没什么大不了，但是当时的你，会觉得这是小困难吗？当然不是，每一段经历对你来说，都是一次折磨。

现在的孩子也是一样的，甚至比我们所要经历的挫折更多。

因为我们那个时候，很多父母还是采用的放养模式，不像现在大家都希望培养出一个精英。

现的孩子需要学的才艺远多于十几二十年前的孩子，现在孩子需要学的为人处事方式也远多于十几二十年前的孩子，现在孩子所经历的社会快速变化更是胜于以前，那凭什么要说现在的孩子没有经历到挫折呢？

由此可见，挫折教育是个误区，不要去刻意给孩子挫折教育，不要人为地去制造孩子的挫折。

瑞士心理学家皮亚杰曾经用实验证明过，儿童的思维方式跟成人是完全不同的。儿童只会以自我为中心来看待世界，他们还无法从别人的角度想象事情。

皮亚杰曾经做过实验，2~7岁的孩子理解不了守恒的概念，向这些孩子展示两个盛有等量液体的宽玻璃杯，然后把其中一杯液体倒进一个细长玻璃杯里，这些孩子一致认为细长的玻璃杯液体变多了。

不知道这些孩子的父母，得知孩子的答案是这样时，是不是会惊恐地认为自己的孩子特别笨，所以要加大他的学习量，为了让他更聪明一点儿。

现在挫折教育的出发点，就是这样，父母完全不理解孩子的挫折，因为那件事情在自己眼里是小事，从而觉得孩子没有受到什么挫折。

如果坚信挫折教育是对的，那么是不是受的磨难越多，这个人就会越有成就？那现在那些有成就的人，就应该比流浪汉，比很多偏远地区走出来的人，受的苦更多吗？或者反过来说，受了很多磨难的流浪汉，从偏远地区走出来、受过很多苦的人，是不是就应该取得更大的成就呢？可惜并没有。

所以完全不能说，成功和挫折的多少成正比。

　　我们再来看看孩子成长过程中会遭遇的挫折吧。从早上起来就被妈妈教训起床晚了；到了学校要和同学在成绩上竞争；上体育课了可能打球还要和同学争夺球，抢到了才能玩；和伙伴吵架了；在书上看到的一个知识和自己以前了解的概念不一样，对自己造成了很大的冲击；过马路的时候，一个闯红灯的电动车差点儿把自己撞到；气温变化太快，生病了特别难受，但是还是要坚持学习……仔细想来，挫折简直太多了，所以不要再说孩子没有经历什么挫折了。

　　那些会因为一些小事而做出冲动举止的孩子，更多的原因是没有地方倾诉，自己被卡在那里，所以钻牛角尖了。

　　如果父母给予孩子足够的爱和理解，孩子可以跟父母很好地沟通，就没有那么容易钻牛角尖了。这个才是问题的本身所在。

　　当孩子学会了倾诉之后，哪怕孩子不和父母说，也会去和朋友倾诉，甚至找个树洞倾诉，只要孩子学会了倾诉这个方法，他就可以化解自己内心的情绪。

第六章

第五个关键词：爱心

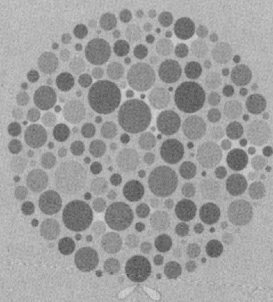

父母陪伴，让孩子充满爱

现代教育有个说法，就是让孩子和父母分开睡，以便培养孩子的独立性。并且孩子哭闹，不要管他，就让他哭一会儿，孩子自己就不哭了。

但是孩子在婴幼儿时期，最缺乏的其实是安全感，如果和父母分开睡，孩子也能感受到安全感，当然没有问题。但是如果和父母分开睡，孩子就没有安全感，哭闹不停，并不需要强迫孩子和父母分开睡。

只有当孩子在成长的过程中，感受到了很多的爱，孩子才会给别人信任，给别人爱。而对于孩子来说，父母的陪伴，就是最重要的爱。

教育学博士陈美龄把3个儿子都送进了斯坦福。她的大儿子出生之后晚上常常哭，最开始的时候，她被孩子弄得心情很糟糕。后来她转换思维，想到孩子在肚子里面待了10个月，怎么分得清楚白天和黑夜呢？

父母一定要孩子晚上睡觉，其实是父母的生活规律，而不是孩子的生活规律，也许孩子晚上并不困。

后来，她就抱着孩子坐在沙发上，坐着睡觉，这样既满足了孩子想要被妈妈抱着的需求，也满足了她要睡觉的需求。经过一段时间的适应之后，孩子慢慢习惯了昼夜的区分，晚上也就不再哭闹。

我们总是说，家长有多喜欢孩子，有多爱孩子，其实孩子给予我们的爱更多。

不管家长是骂了孩子，还是打了孩子，隔一会儿孩子又会来和家长亲热，仍然亲切地叫爸爸妈妈，仍然愿意把好吃的分给家长。

当孩子用他嫩嫩的小手捧着你的脸，用他大大的眼睛望着你，可爱的小嘴说出"妈妈，我爱你"的时候，妈妈的心都化了。

面对这么爱我们的孩子，我们当然要更好地爱他，给予他更多的爱。

对孩子来说，父母的陪伴就是最好的爱

孩子生病了，不舒服，孩子总是说："妈妈，我想你抱抱我。"因为父母温暖的怀抱让孩子特别有安全感，可以帮他抵抗身体不适带来的难受。

在这种时候，哪怕平时对孩子要求严格，总是指责孩子的家长，大部分都会很温柔地陪伴孩子，不去指责孩子。

有孩子就说过："我比较喜欢生病。当我生病的时候虽然会不舒服，可是爸爸妈妈好温柔，我想多吃一点儿蛋糕之类的零食，也不会挨骂。"

可是平时家长常常会疏忽对孩子的陪伴。

很多家长说："我每天都用很多时间陪孩子。"很多时候，家长认为的陪伴，只是待在孩子的身边。

家长要理解到，在孩子身边并不等于在陪伴孩子。可能家长在和手机另一端的朋友聊天，可能家长沉迷于电视的情节里面，可能家长在跟家里其他人谈着事情。这些时候，家长常常以为自己在陪伴孩子，其实并没有。

希望大家知道陪伴孩子需要注意的事情。

1. 孩子自己玩耍，不需要你陪伴的时候，不要强行陪伴

要知道陪伴孩子这件事情，主体是谁，主体是孩子，是父母去陪孩子，所以应该按照孩子的规律来。

孩子要自己玩耍，你说："这会儿我才有时间陪你，等会儿我有事情，我先陪你吧。"然后打断孩子玩玩具、看书、思考的环境。

孩子如果敢于大胆地表达，一定会说："我现在不需要你陪我，我要自己玩会儿。"

很多父母在孩子拒绝的时候还会生气，觉得自己好不容易抽时间陪孩子，孩子还不配合自己。

家长们，如果家里养的小猫小狗，你想跟它们玩的时候，它们不理你，你会生气吗？你会强迫小猫小狗和你玩吗？不要对待孩子比对待宠物更苛刻！

2.陪孩子的时候要用心

夏天孩子在游泳池里面或者在海边玩，父母就在身旁，但是因为父母玩手机而疏忽了孩子，导致孩子溺水的事件已经有很多起了。

比如看动画片，孩子对妈妈说："妈妈，你陪我一起看动画片，好吗？"妈妈想了想，白天一直忙于工作，那就陪陪孩子，于是说："好。"

当动画片开始放了，妈妈心想：动画片有什么好看的？于是不由自主地拿出手机和朋友开始聊天。

孩子在旁边说："喜羊羊好聪明，他又把灰太狼打跑了。"妈妈边看手机，边回答孩子："嗯，是的，喜羊羊好聪明。"

这样的情况多发生几次，孩子就不需要家长陪着看动画片了，因为家长在旁边根本就没有在意孩子说的话。有的家长可能还会很高兴，终于可以不陪孩子看动画片了。

其实，动画片也好，娱乐节目也好，如果家长肯用心引导孩子，都可以在观看的过程中让孩子学到很多东西。孩子不是只能从生活中、书本上学到东西。

所谓用心陪伴，是在陪伴的时候家长认真体会孩子要表达的东西，并且在过程中对孩子进行引导和分析，孩子才会在家长的帮助下更快地成长。不要羡慕别人家孩子更好，也许是别人家的父母做得更好。

3.陪伴还要用行动表示

用心陪伴，说起来似乎有点儿空洞。我们再来探讨陪伴怎么用行动来表示。

对于年纪比较小的孩子，请家长们蹲下来和他们说话，保持眼睛和孩子平行，这样会让孩子感觉他们和你是平等的。

如果父母站着，孩子需要仰着头和父母说话，首先孩子常常会觉得很累，因为一直仰着头。其次孩子会有距离感。但是当父母蹲下来和孩子眼睛平行进行交流的时候，孩子更能体会到和父母沟通的感觉。

陪伴是为了什么？陪伴是为了体现我们对孩子的爱，既然要体现出来，那么身体语言就不能少了。父母还可以用拥抱来表达对孩子的爱。当孩子受委屈，当孩子有困难，当父母特别高兴，都可以用拥抱孩子来表达你对孩子的爱。

因为中国人一直都强调含蓄，所以我们对从行动上表达对家人的爱常常特别含蓄。而过于含蓄对孩子来说，孩子可能理解不到其中的含义。

我经常听到人说：大了才理解到小时候父母对自己的爱。其实父母可以在孩子小时候，就让孩子理解到的父母的爱，何必等孩子大了才自己醒悟。

孝顺，父母做榜样

乐乐妈妈生病了，要做手术。家人说把乐乐带来看一下妈妈，妈妈想了想说："还是算了，初中的学习比较紧张，过来看我，一来一去要耽误不少时间。"

终于等到周末，乐乐有空去医院看妈妈了。乐乐和妈妈聊了一会儿天，就感觉到有一点儿无聊了，坐在椅子上，左看看右看看。

又等了一会儿，乐乐问妈妈，可不可以玩一会手机。妈妈看他在病房无聊，就同意了。

中间医生来病房询问情况,乐乐只是抬头看了一下医生,又继续玩手机,玩了半个小时后,乐乐把手机还给妈妈,说是作业还多,就回去了。

乐乐走了之后,乐乐妈妈想:这段时间住院,都是自己的妈妈在照顾着,每天妈妈都陪自己说话,晚上吃完晚饭后才走,第二天妈妈又来医院照顾自己,陪自己说话聊天,一会儿给自己弄点儿吃的,一会儿给弄点儿喝的。虽然不指望孩子怎么照顾自己,可是乐乐对自己的关心明显不够。

这个时候乐乐妈妈再一回想,平时在家的时候,一般都是自己和老公关心孩子。

孩子写作业的时候,喊一声"妈妈我要喝水,帮我端一下水",妈妈就把水端到面前。在家吃饭的时候,爷爷奶奶生怕孩子营养不均衡,总是给孩子夹菜,以至于孩子碗里堆了很多的肉和菜。

想到这些,乐乐妈妈忽然觉得自己在孝顺方面给予乐乐的引导不够。

其实何止是乐乐妈妈在孝顺上给予孩子的引导不够,大部分父母都很容易忽视这个问题。以前家里只有一个孩子,家里大人都围着孩子转。哪怕放开二孩政策之后,一个家庭也是四个老人两个父母,六个人一起照顾两个孩子,一个孩子至少都有3个人关心,所以孩子接收到很多的关心。孩子和大人在一起,都忙着去接受关心,很少有机会去关心长辈。不是孩子愿不愿意关心,而是没有机会关心。

周末坐车的时候,我遇到一个母亲接住校的孩子回家,孩子看着像高中生。

孩子在车上对妈妈说:"妈妈以前都是你照顾我,晚自习回家有宵夜吃,所有的衣服脱在那里,自动就变干净了,我一点儿都没有觉得你的辛苦,我心里还觉得这些就是你该做的。可是我住校之后,需要自己洗衣服了才发现,原来洗衣服这么累。我晚自习之后也没有宵夜吃了,虽然有你给我准备的零食,可是完全没有你做的宵夜好吃。"

妈妈听到孩子这样说,心里肯定是高兴的,会感叹孩子懂事。可是,我在意的却是另外的内容。衣服自动变干净?孩子当然不可能说妈妈会魔法,孩子这句话是说,自己以前都没留意到妈妈洗衣服,也完全不知道洗衣服那么累。

做家务累吗?累!这个道理小学的孩子都知道,为什么高中的孩子会在思想里认为洗衣服不累?因为脏衣服放在那里,妈妈会主动拿去洗,哪怕告诉孩子很累,孩子也体会不到忙碌了一天的工作后再洗衣服的那种感受。

孩子是在体验中学习。现在的孩子，10岁时几乎所有的大道理都知道，但是知道、懂得、做到，是完全不同的3种状态。包括如何对父母孝顺，孩子也是要实际行动之后，才真的体会到。

如果只是父母单方面付出，孩子接受，以后就算他想对父母好，可能也觉得：父母什么都能做，不需要我再做什么，打个电话问问就好。

这个孩子爱父母吗？爱，只是，他不知道怎么用行动来证明他爱父母。反而变成了他享受父母的爱，是爱父母的一种表现。

老人年纪大了，生病是难免的事情。但是现在大家都认为孩子的学习才是最重要的。于是父母变成了在家辛苦地照顾孩子，再奔波到医院，辛苦地照顾老人。至于孩子，学习太忙，周末的时候去医院看一看老人就好。

这个时候家长似乎忘了告诉孩子很多事，觉得自己做了，孩子就知道什么是孝顺。其实家长们都太高估孩子了。如果家长只是默默地做，不告诉孩子，不让孩子去体会，孩子也是不能理解的。也许在几十年之后，孩子经历同样的情景，会知道父母付出了哪些，但是在现阶段，孩子没有办法更多地去领悟。所以这个时候还是需要父母给予引导的。

有的父母可能会说："我都身体力行地做了，还要怎么引导？"

在父母照顾老人的时候，可以示弱让孩子多帮帮忙，这样孩子才会有更深的体会。不要害怕耽误孩子的学习，除了学习之外，孩子也需要成为一个温暖的人，难道家长希望，以后培养出来一个学习成绩优秀，但是不知道孝顺父母的孩子吗？学习成绩优秀，并不能让孩子自动变成一个孝顺父母的人。

比如父母照顾老人的时候，可以用自己忙不过来为理由，让孩子帮忙送饭。周末父母要去看老人的时候，不要对孩子说："你在家安心地写作业，我去看一下外婆。"孩子真的安心地在家写作业了，根本就不去想尊重老人的事情。这个时候父母应该告诉孩子："除了学习你还需要多出去走走，我们一起去看一下外婆，和她聊聊天，要不她太孤单了。"

当我们工作之后，如果外出离家上班，1年跟父母见面10天，10年才100天，30年才300天。而孩子和老人见面的时间呢？如果没有跟老人住在一起，1年见老人哪怕30天，10年也才300天。等到了中学读书更加忙碌，1年可能也就只有十几天的见面时间。而老人什么时候离开，更是一个说不清的问题，甚至哪怕在一个屋檐下，学习紧张的孩子能够和老人真正相处的时间又有多少？

所以父母们不要以学习为借口，不让孩子去孝顺老人。家长现在阻止孩子去孝顺老人，以后孩子也会以学习为借口阻止孙子们来看家长。老年人总是喜欢去照顾小辈，这个时候父母一定要引导孩子多去照顾老人。

孩子从小会照顾老人，以后长大了必然也会照顾父母，甚至会带着孙子们一起照顾父母。

助人，先识人

帮助他人，是我们的传统美德。但是社会越来越复杂，父母在告诉孩子要去帮助别人、要充满爱心的时候，一定要记得加一句：孩子，你一定要先会分辨好人和坏人，再考虑帮助他人。

有新闻报道过，有留学生从国外回来，朋友托他带一瓶红酒，她就帮忙带了。结果过机场安检的时候，说她带的是毒品，就把她扣了下来。

她告诉警方，那个酒是朋友的不是她的。警方去询问时，对方反而不承认了，说没有这回事。这个留学生后来以携带毒品的罪名被判刑了，前几年报道过很多起类似的案例，这样的事情并不是个例。

如果父母只是一味地告诉孩子要善良，那么孩子在善良的同时可能就很容易受伤。

还经常发生的事情是，有人在路上借电话的骗局。他们说自己的电话没电了，或者是其他原因造成电话用不了，希望借电话打一下。把自己的手表或者一些东西给对方当押金，证明自己真的是借电话用一下。

最后借电话的人拿着借来的电话，打着打着就跑了。受害者报警后，警察来了才发现，用来抵押的东西根本是不值钱的，看起来值钱的东西一般都是假的。

有句俗话是：害人之心不可有，防人之心不可无。

我们都应该谨慎地去帮助别人，而不是一味地轻信他人。现在社会的复杂程度已经远超于以前，说不定以后比现在更加复杂。

所以一定要告诉孩子，如果有人请求帮助，不要自己去帮忙，而是马上找警察或者其他的大人帮忙。毕竟有什么事情需要一个小孩帮忙，而不是去请求成年人帮忙呢？

前几年重庆发生过一件事情，一个老婆婆摔倒了，3个小朋友去把她扶起来。这个时候老婆婆说是孩子们打闹的时候把她撞倒了的，非要让3个孩子的家人赔钱。事发的地方没有监控，但是院子里面有其他人看到了。可是老婆婆的家人不管旁边的人怎么说，一口咬定是孩子把老婆婆弄伤了，让孩子的家长赔钱。

后来当地警方经过调查，认定老婆婆及家人属于敲诈勒索，警方决定对老婆婆给予行政拘留7日的处罚，但因其已满70周岁，不予执行；对老婆婆的儿子给予行政拘留10日，罚款500元。

事情发生在6月，最后结案已经是11月了，接近半年的时间，孩子的心理压力有多大。

老人摔倒碰瓷这件事情已经发生过很多次了。十几年前我们会被教导，看见老人有困难一定要帮助。我们不能分辨是老人变坏了还是坏人变老了，但是我们可以做到的是保护自己。如果一个充满善心的孩子因为一次失误的帮忙，导致他永远关闭了爱心这个门，我想这个是更大的损失。

告诉孩子人性的另一面并不是让他们对人性充满失望，而是要让他们知道，如何去区分，从小进行这方面的思考和锻炼，那么长大了才能更好地识人。

思考能力是锻炼出来的。家长在看到类似新闻的时候，可以直接告诉孩子，让孩子知道发生过什么事，并且引导孩子思考，为什么会有这样的事情，从而让孩子知道人性是复杂的。

世界不是一片净土，家长没必要为了保护孩子把世界描绘得很美好，这样的保护可能让孩子受伤害。

但是，家长也没必要把社会描述得很邪恶。所谓人性，就是有好有坏。

家长要让孩子知道保护自己，也要让孩子看到美好的一面，让孩子们识人性的目的，是为了保护自己，而不是认为这个世界是可怕的。

照顾生命，让孩子懂得爱

小军特别想要一只小狗，和妈妈商量了好几次，妈妈觉得照顾小军已经特别累了，根本没有空再照顾一只小狗，于是一直没有同意小军的要求。

这学期小军的成绩突飞猛进，妈妈心里特别高兴，就问小军："你想要什么礼物？"

小军想了想就又提出了那个要求："妈妈我想要一只小狗。"

妈妈皱了皱眉头，对小军说道："你知道养狗还有很多事情需要做吗？"

小军摇了摇头。

妈妈说："如果养只小狗，每天要带它去散步，这件事情谁做？小狗需要洗澡，谁给它洗澡？现在的小狗都吃狗粮，可是狗粮也不便宜。还有其他一些事情，养只狗可不是那么简单的。"

小军听了妈妈说的话后，想了想，对妈妈说："妈妈，我还是想养一只狗。我每天到家就先写作业，然后带狗去散步，小狗洗澡的事情，都由我来做。如果狗粮很贵，那我就少吃零食，省下来的钱给它买狗粮吧。"

妈妈听到小军安排得还挺合理，而且最近孩子进步确实特别大，想了想，就同意了小军的要求。

小狗狗接回家后，小军特别高兴，给它取名叫可乐。妈妈发现有了可乐之后，小军变了，变得更懂事。

每天小军回来不会想着去玩，而是先把作业写完了，再带着可乐去散步。小军带可乐散步的时候，还会带上纸和塑料袋，如果可乐在路上拉屎，小军会马上清理干净，放在塑料袋里，有垃圾桶的时候，再把塑料袋扔到垃圾桶里面。而且在家里小军也越来越爱卫生，因为可乐会掉毛，他每周会把所有的房间都打扫一遍。

一天爸爸生病了，在房间里休息，妈妈听见小军给可乐说："可乐你要安静一点儿，爸爸生病了，我们不要吵着他。"

妈妈现在特别庆幸,同意了小军的请求,把可乐带到了家里。有了可乐之后,小军明显懂事了,他不但知道了爱可乐,同时在爱可乐的时候也更理解父母对他的爱。

佳佳放学后,很高兴地跑去对妈妈说:"妈妈,我们去花市吧。"

妈妈很惊奇地说:"怎么突然想要去花市呢?"

佳佳说:"老师让我们每个人带一盆植物到学校去,我要去选一盆漂亮的植物带到学校去。"

于是妈妈陪佳佳去选了一盆多肉植物,让她带到学校。

妈妈很好奇,佳佳把植物带到学校后,怎么照顾它呢? 会不会过几天这盆植物就死了?

后来,每天放学后,佳佳回来除了告诉妈妈学校里面发生的事,还多了一个话题,就是讲多肉植物。

今天我给多肉浇水了;我今天把它带出去晒太阳了;今天它多冒了一个花瓣出来……

妈妈发现自从佳佳养了这盆多肉,观察细致多了,而且会自己思考怎么照顾植物会更好。

那天佳佳还对妈妈说:"妈妈,多肉是我的孩子,就像我是妈妈的孩子一样，妈妈特别细心地照顾我，我也要特别细心地照顾多肉。"

有的父母埋怨自己的孩子不会体贴人，不会照顾人。可是体贴人和照顾人都不是父母告诉孩子道理，孩子就会做的，一定要孩子自己有深刻的体会。

父母总是想用告知的方式让孩子知道很多。但是父母没有理解到，在知道和做到之间还有很大的差距。

现在的孩子接触的信息特别多，所以在10岁左右，大部分的道理其实他们都已经知道了。父母再给他们说很多的道理，孩子就会觉得父母特别唠叨。

让孩子体验如何去爱一个生命，是让孩子懂得爱的很好方式。

有的小朋友把家里的洋娃娃当作孩子一样照顾，其实就是在学习如何照顾别人。孩子总是被呵护着，难免有时候就会忘记照顾别人，因为自己被照顾得太好了，好到孩子已经忘了回报，变成了一种理所当然。

有个很经典的故事，有一个客人到海边一户人家去吃饭。

鱼做好了之后，小孩迅速地把鱼头给了奶奶，奶奶笑着说："谢谢。"

客人问道："鱼头都是骨头，奶奶的牙齿不好，为什么要挑鱼头给奶奶呢?"

孩子说:"因为奶奶喜欢吃鱼头。"

奶奶也笑着附和说:"是的,我喜欢吃鱼头。"

真相是奶奶为了把好的东西都留给家人吃,所以说自己喜欢吃鱼头。

奶奶的出发点当然是好的,把好东西都留给家人吃,但是要让晚辈学会爱,首先就得让他们学会付出。

所以父母想要教孩子什么是爱的时候,可以给孩子创造一个环境,让孩子学习怎么去照顾其他生命,怎么付出。

家里面有小动物或者植物,让孩子照顾它们,孩子就会不自觉地和它们靠得更近,会更细致地观察它们,会感受它们的需求。这样其实也培养了孩子的观察力和感受力。

当他们观察和感受到动物和植物的需求是什么,孩子自然就会往更大的层面上去思考。这时,孩子会更容易察觉到父母或者身边其他人的需求。

我们总是说现在很多孩子不懂得爱父母,过于自私。其实父母可以想一下,是不是所有的事情你都替孩子考虑好了,孩子已经不需要再去考虑别人的感受,考虑父母的事情。那么长久下来,孩子就会只关注自己的感受。

因为你们的行为在告诉孩子：孩子自己的感受才是最重要的，别人的感受都没有自己的感受重要。

所以我们会发现很多父母觉得自己吃点儿苦，没有什么，只要不委屈孩子。

当你不愿意委屈孩子的时候，你会慢慢地发现，孩子会习惯父母的委屈。

前段时间看到一则新闻，70多岁的老婆婆在街上被人打了。

最后调查出来，打老婆婆的是她的儿子。她的儿子没有工作，就靠老婆婆的退休金活着。

那天儿子打妈妈的原因是他打游戏要充值几百元，让妈妈去借钱。妈妈不去借，于是就发生了当街打人的一幕。

父母们不要再委屈自己去成全孩子了，而要让孩子也懂得付出，知道"爱就是要付出"。

孩子小时候，动物、植物都可以成为他们付出爱的对象，这些小生命可以让孩子知道付出是什么，从而开始学会爱人。

给别人微笑，原来这么简单

隔壁搬来了新的邻居，正好门开着，我看见他们家也有一个小孩，比我家孩子小几岁，于是对孩子说："他们家也有小朋友，你去打声招呼，有空了你们还可以一起玩。"

可是儿子却死活不愿意出门去打招呼，只是在门口望着搬家的邻居。

父母们会发现孩子小时候，到了院子里，不管认不认识，孩子们马上就能玩到一起，多玩几次大家就熟悉了。而随着年龄的增长，孩子们反而不愿意去和陌生人打招呼了，甚至家里有时候来了亲戚朋友，孩子们都会躲到角落，怯生生地打一声招呼，人就不见了。

社交的重要性大人们都知道，所以难免有时候会强迫孩子，一定要让孩子叫人，或者是打招呼，有时候，家长越是强迫孩子打招呼，孩子越不愿意去问好。其实这是随着孩子年龄的增长，知道了害羞，从而产生的自然现象。家长们不需要用强硬的方式逼孩子打招呼。

在繁忙的大街上或者在吵闹的地方，我们常常会遇到朋友过来拍我们的肩膀说："我叫你半天了，你都没有听到。"这时你可能就会道歉:"不好意思,因为太吵了,确实没有听到你叫我。"

其实除了这样的打招呼,微笑可能是更简单、更容易的一种打招呼方式了。

我们常常看到电视里,特别繁忙的酒会上,两个人隔着很远互相举杯示意,微笑一下,就算是打招呼。其实不只在电视里面,在生活中我们也经常遇到,比如可能远远地看见某个朋友,如果他正好回头看你,你们就可以相互笑一笑表示一下。打招呼并不一定需要走到某人面前去,很正式地说一说话。

我们有时候会把打招呼限制在要去喊叔叔、阿姨、哥哥、姐姐,这样说出口的一些话里,其实,简单的一个微笑也可以让人体会到孩子的热情,并且当孩子习惯了对人微笑,别人回他微笑的时候,孩子自然就会和对方有一个互动了。

这个时候已经不需要父母再去强制地告诉孩子:你要喊人,你要说你好。哪怕孩子不记得面前的人该怎么称呼,但是孩子的微笑也会让对方觉得高兴,从而增加对孩子的喜爱。

打招呼并不是一定要走到别人面前,特别正式地说上一句:叔叔阿姨。就让孩子从简单的微笑开始他们的人际交往吧。

　　为了让孩子适应和陌生人打招呼，可以简单地告诉孩子："你不需要说什么，给他们一个微笑就好了。"

　　最开始孩子们可能不太习惯遇见人就微笑，那么父母可以在出门之前，带着孩子默念几次：在路上，如果和人对视了，就给他一个微笑。

　　还可以在脑海里想象一下，遇到人，自己露出微笑的场景。这样提前做好准备，再出门去。

　　经过一段时间的练习，父母会发现，孩子的笑容增加了。

　　当孩子养成了看见人就微笑的习惯，哪怕他不出声和别人打招呼，别人也会感受到这种无声的招呼。不管是大人还是孩子，一般都会还以微笑。

　　那么当孩子收到别人对他的微笑时，就会觉得自己对人微笑是一件快乐的事情，从而会激励孩子更多地对人微笑。

　　有的人出去旅行，总是可以带回特别多的故事，而有的人制定了详细的旅行计划，带回来的只有自己旅行计划上的景点游。

　　为什么会有这么大的差别呢？就在于你是否给别人一个微笑。

　　当你给别人一个微笑，哪怕你因为不好意思，没有迈出开口的这一步，可能对方也会很自然地过来和你聊天，于是你就会收获很多的故事。

有一句俗话说：爱笑的人运气不会差，也是因为这种道理。

为什么要在出门的时候让孩子想象一下，遇到人，并且对人微笑的场景呢？因为这样的想象其实就是一种练习。

这种练习叫想象技能训练，是一种心理学训练方法。这个方法最早是为了帮助运动员练习动作技能，演练比赛战术的。

运用的原理是，想象的刺激与感觉，和现实的反馈在我们有意识的心理活动中，具有相同性质的地位。

有一种打字法叫双拼打字法，这种打字方法是把声母和韵母分别用一个键表示，一个字只需要按两个键就好了。

为了提升打字速度，我身边很多朋友练习这个打字方法。

对于这个打字方法最有效的一个练习就是，在脑子里面不断地想象，你在使用这个方法打字，让整个键位图不断地在头脑中闪现，从而达到熟悉键位的效果。

当你在大脑中不断地去构建这个场景，你在实际

使用这个打字法的时候也会变得特别熟练了。

所以让孩子出门的时候，在脑子里面想象一下：自己遇到了一个人，自己对那个人笑了一下。这样孩子出门的时候，就会更自然地对大家微笑了。

我们可以发现，在路上当你和一个陌生人无意中相互看的时候，如果别人给你一个微笑，你就会不自觉地回他一个微笑。

或者是你正好发生了一件特别高兴的事情，你走在路上，不自觉地对大家微笑，大部分人都会回你一个微笑。

所以简单的微笑，可以让别人对孩子更有好感，也会让孩子在感受到别人的微笑时，变得很开心。微笑、开心的孩子，到哪里都会受人欢迎。

第七章

第六个关键词：独立

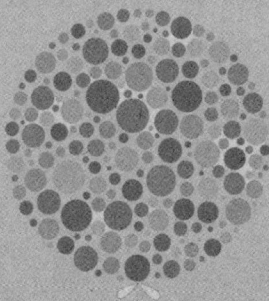

独立的开始，孩子对自己负责

说到独立，如果问父母："你希望孩子独立吗？"所有的父母一定都会回答："当然希望孩子独立。"

但是在培养孩子的过程中，父母却处处阻碍孩子的独立，并且自己没有察觉到。

我们常常可以看到一些大人与孩子争执的画面。

冬天的时候，大人拿着一件背心或者一件外套，非要让孩子穿上，孩子不想穿，边躲边说："我不穿，我不冷。"而大人常常会说："等到你发现你冷的时候就已经晚了，快点儿把它穿上。"

孩子写作业的时候有一道题不会，就看着本子想很久。这个时候大人就在旁边说："你在做什么？发什么呆？还不快写。"孩子很生气地说："不知道怎么写。"

孩子跑到厨房跟大人说："我想要学炒菜，你教我做菜可以吗？"结果大人说："你的书还有那么多没看，作业还有那么多没写，还有空炒菜，快去看你的书去。"

早上起来孩子要穿那件黑色的衣服，家长说："又穿黑色的衣服，年轻人就应该穿点儿亮色的呀，一天穿得黑乎乎的，像什么话。"然后非要让孩子换另外一件颜色亮丽一点儿的衣服。

这些场景，家长们一定不陌生，哪怕自己没有这样做，也可以看见身边的朋友这样做。

有一个演员叫朱雨辰，前段时间上微博热搜了，原因真的让人吓一跳。

他的妈妈为了照顾他，让他爸爸一个人在老家，然后自己全身心地投入照顾儿子。

妈妈照顾孩子是很正常的，但是知道他们的年纪，所有人都会觉得特别夸张。朱雨辰已经39岁，他的妈妈70岁，而在妈妈无微不至的照顾下他至今未婚。

他的妈妈每天会给他榨果汁喝，一天两瓶，而且必须喝完。因为多喝果汁补充维生素，也补充水分。

不准孩子接古装戏和打戏，因为妈妈不想看到儿子被别人打。

孩子发的微博，妈妈会拿个本子把所有内容全部抄下来，留作纪念。

如果孩子10岁，妈妈做这样的事情，大家会觉得正常。但是孩子马上40岁了，妈妈还这样做就很夸张。

其实，10岁的孩子妈妈这样做，也是不正常的，为什么孩子不能有自己的选择？

所以对中国孩子来说，父母对孩子的关爱和担心反而是孩子独立最大的挑战。

孩子作为一个独立的个体，刚出生时特别需要父母的关怀，但是如果父母仔细思考一下，很快就可以发现孩子们小时候就向父母发出了信号：想要自己做一些事情。

刚学会爬的时候，孩子就不想要父母一直把他们抱在怀里，想要挣脱父母的怀抱，在地上爬。

会扶着柜子和床走路的时候，孩子就不想父母扶着，会推开父母的手，自己去扶柜子、沙发、床和其他东西，尝试走路。

所以孩子追求独立性，其实从婴儿时期就已经开始了，只是家长没有意识到这个问题，总觉得孩子太小、需要无尽的关爱。

蒙台梭利有一个"独立成长论"，这个理论有两层意思。

（1）独立是成长的主要目标，能成为一个独立的人就具有发展生命的能力。

(2) 独立是成长的必备条件，代表生理、心理功能上的成熟。

人的成长就是为了要越来越独立，而不是为了自己长大之后，可以更好地依靠父母。反过来，要成长得很好，又必须要独立。也就是说，成长和独立是相辅相成的。当孩子不能做到独立的时候，又如何做到很好的成长呢？

道理父母都知道，为什么在做的时候就做不好？

其实这里面还有一个关键因素，每个孩子成长的节奏是不一样的。而因为成长节奏不一样，外在表现就不一样，这个不一样让家长充满了焦虑和着急，最后就变成了家长想帮助孩子成长。

说到这里，大家马上可以想到一个成语：拔苗助长。一个农民看到别人地里面的庄稼比自己的长得好，于是就去把自己的庄稼拔高一点儿，想要帮助庄稼生长，结果庄稼都死了。

这几年因为，孩子生长发育知识的普及，在孩子身体方面的焦虑，家长减少了很多。现在孩子发育得特别早，六年级和初一，就可以发现有的孩子已经超过1米6了，而有的孩子发育得比较晚，可能才1米4左右，差距特别大。但是对于这种身高差距，大部分家长都能够比较好地来看待，因为知道孩子的发育有早晚。

可是不要帮助孩子的成长这个概念放到孩子的学习上，家长就普遍不能接受了。孩子学习不好，难道还不能帮忙吗？家长焦虑有一个原因是学习是循序渐进的，如果孩子现在落后了，后面要补起来难度就会比较大，所以家长就会显得比较着急。但是在学习上面，每个孩子也是有个体差异的，家长一定要能够接受这个事实，要不然家长的焦虑会传给孩子。

同样是两个一年级的孩子，一个小朋友能做到上课认真听讲，回家好好写作业，而另外一个小朋友可能在45分钟的课堂上，只能安静地坐半个小时，就想要动一动了，也许这个孩子虽然读一年级了，但是他的心性还相当于幼儿园中班的状态。

当然也不是说家长完全不去管孩子的学习，而是需要按照孩子的状态给予适合孩子的辅导。因为学校里面的老师，一定是一视同仁地给予一样的教导，不可能单独给几个孩子不一样的进度。这个时候家长的作用就体现出来了，给自己孩子最适合他的辅导。

首先就需要家长知道孩子的状态究竟是什么样的。能理解孩子，才能够正确对待孩子成长慢一拍的事实。

很多人都纠结过到底是晚一点儿读小学好还是早一点儿好。其实因为每个人不一样，所以要根据自己的孩子状况来判断。

如果孩子是中班的状态就去读一年级，成绩必然会比其他的孩子差一些，因为他的状态本来就要晚一些。一旦家长着急，就会破坏孩子学习的独立性，比如用家长的权威去命令孩子做作业，而不是让孩子先玩一会儿再写作业。

家长想一想，你不把孩子当一个六七岁的孩子看，你把他当一个五岁的孩子看，那放学读了一天书已经很累了，先玩一会儿是很正常的事，这个就是个体的差异。

家长对孩子状态认识不清，特别容易破坏孩子的独立性。

让孩子主动承担自己能做的家务

我爸爸家在六楼，他自己修小菜园的时候需要从外面搬很多的泥土上楼。去搬泥土的时候，他就把我儿子叫上，对我儿子说："走，去帮爷爷搬泥巴，爷爷给你种草莓吃。"

　　孩子就特别高兴地跑去帮忙，因为他知道他做了这件事情，他会有收获，他可以吃到好吃的草莓。

　　那次搬泥土的时候，孩子从一楼到六楼搬了好几趟。种上草莓之后，他也总是跑到菜园里面去看一看，关心一下他的草莓什么时候能够吃。

　　是的，他的草莓，因为他搬的泥土，他觉得那是和他相关的东西，他还会常常去观察草莓。

　　为什么很多孩子做家务的时候，父母再三地催促还会讲条件？这是因为在他的脑海里面可能觉得，这件事情应该是父母的事情，不应该是我的事情。事情没有和他建立起联系。

　　我问过很多父母，孩子为什么必须做家务？得到的回答多种多样：不能让孩子变得懒惰；不是到了年纪就该做家务吗？现在锻炼他，以后出去他才能更好地生活……

　　我也问过孩子："你觉得你为什么要做家务呢？"

　　孩子的回答和父母完全不一样，"父母工作特别辛苦，我想要帮他们做点儿事情""那个房间是我自己的，所以我要把它打扫干净，这样才漂亮""和妈妈一起做家务的时候，特别好玩"，等等。

　　我们可以发现关于为什么做家务这个问题，孩子和父母的答案完全不一样，根本就是从不同的角度来进行的思考。

所以要让孩子做家务，一定要从孩子的角度出发，知道他为什么要做这样的事情，而不是家长为什么要他做？当孩子知道了做家务这件事情和他的联系之后，他就更愿意行动了。

不知道父母发现没有，孩子对做家务这件事情的反应，也会因为场合不同，有不一样的反应。如果父母自己在看电视或者在玩的时候，让孩子做什么事，孩子都不愿意去做。因为孩子会想：你自己都在那里玩，让我做事情，这很不公平。

如果是父母叫上孩子一起大扫除，或者是父母正在做其他的事情，让孩子帮忙做一件事情，孩子就会特别乐意地去把它完成。

因为这个时候孩子觉得，这些事情应该是大家共同完成的，既然父母都在做事情了，我去做一点儿事情也是应该的，所以他的态度就完全不一样了。

除了从孩子的心态上对做事情进行分析，对症下药地让孩子愿意做事情。其实还会有很多的小方法可以让孩子更好、更主动地做家务。

比如可以和孩子提前说好，今天的碗由孩子洗，因为你做饭了,而且今天上班特别累,请孩子帮帮忙洗一下碗。

这里一定要注意,在让孩子做事的时候,要让孩子产生他在帮助你的心态,不能使用命令的语气。如果家长使用命令的语气,反而会让孩子产生抗拒心理。

命令的语气会让人产生哪些不好的感受?你今天本来已经计划好了,要做一份报告出来交给领导,这个时候你的领导用命令的口气告诉你:"今天你必须把这份报告做好交给我。"你心里面是不是会不舒服?

你会想,我本来就要做,根本不需要你说,或者,我本来马上就要做了,你这样跟我说话,那我干脆就晚点做。

同样的,在孩子还不知道做家务对他来说到底有什么好处的时候,父母需要创造这个好处。比如,让孩子觉得是你需要帮助的,从情感上先打动孩子。

有的家长可能会说:"我和他讲道理,我告诉他,家里的事情就是每个人的事情,所以我们都该做。"但是对孩子来说,从情感上接受比从道理上接受更容易一点。

我们的目的是要让他做事,锻炼他动手的能力。不要从一开始时就给他讲大道理,讲道理很容易变成从洞的感觉，孩子完全体会不到这些道理。可以在日常生活中进行道理的传达。不要在他做事的时候，你在旁边絮絮叨叨。

想一想，我们都知道时间宝贵，可是作为懂事的大人，我们还是常常无意识地在浪费时间。

如果当你在休息时看小说、看电视，有人忽然告诉你时间这么宝贵，你还做这些，你不能在工作上多锻炼和思考一下吗？你一定会在心里默念：好烦啊，让我休息一下又怎么了？这就是因为说话的人没有站在你的情感角度来考虑，而是一来就跟你讲道理。

对孩子也是一样的，千万不要一来就和他讲道理。第一可能因为孩子小听不懂道理，第二如果孩子大一点儿，他懂道理了，又怎么样呢？

成年人有几个人不懂道理呢？结果大家还不是没有按照知道的道理做吗？所以用情感驱动孩子去做事是更好的一个方法。

另外，让孩子做家务，还需要注意几点。

（1）在孩子做家务的时候，不要在旁边指指点点说孩子没做好。更不能在他们没有做好的时候进行惩罚。

如果在孩子做事没做好的时候进行惩罚，就变成了不做不错、多做多错的状况，那孩子就会避免去做更多的事情，以防止自己犯更多的错误。

如果做事的时候，孩子哪里没有做对、没有做好，尽量让他自己思考应该怎么做。

比如孩子擦桌子，可能不小心把准备的水打翻了，父母可以用询问的方式问他："现在这个状况怎么办比较好呢？"让孩子自己思考一下，想出办法来处理。

（2）表扬之后不要接着说"但是"。现在父母都知道在孩子做了事之后要给予鼓励，这样孩子得到了正向反馈，会更愿意做事情。

可是很多父母都喜欢在表扬之后，加上一个"但是"。但是你这里没有洗干净；但是那边还有地方没有打扫到；但是……

这些"但是"会让孩子把重点放到后面，认为你并没有诚心地表扬他。

关于洗碗没洗干净，有的父母是这样做的：孩子把碗洗完之后，父母很高兴地说，很高兴你今天洗了碗。然后等孩子不在的时候自己再把碗重新洗一遍。在下一次孩子准备洗碗的时候，父母可以先拿一个碗做一下示范，说一些要点，再让孩子开始动手洗。

可能有的大人说，那多麻烦，不如我干脆一次洗干净就好了。很多老人都是这样想的，于是小孩就一直得不到锻炼的机会。

长期这样做，孩子潜意识里会形成一个思维：这件事情就是大人的事情，不是我的事情。既然不是自己的事情，当然没有必要去积极主动的做事儿。

让孩子学会解决朋友间的矛盾

我正在朋友家玩，她女儿小月正好放学回来，小月今年8岁了。可是小姑娘进屋来就一脸气愤，准备和妈妈说点儿什么，见我在他们家，就什么也没说，自己跑进卧室去。

我赶快让朋友进屋去问问怎么回事。隔了好一会儿朋友出来说："正好你在这儿，快帮我想想该怎么办吧。"原来孩子在学校和她最好的朋友闹矛盾了。

事情经过是这样的：她们两个人在一个学习小组，老师说一个学习小组可以选一个人出来，给大家做汇报，汇报一下组里每个人最近这段时间的学习情况。组里几个人一起商量，其他几个人都表示不想做汇报，正好小月想做汇报，大家就同意这次由小月去汇报。然后小月就特别高兴地去准备这个汇报了。

结果今天她好朋友忽然对小月说，她也想要做汇报，让小月把这次机会让给她。

小月就不高兴了，一开始说好了的，而且自己已经忙了好几天了，今天好友忽然改变主意，还非要自己让步。于是两个人就闹矛盾了。

我问朋友："那你对这次的矛盾怎么看待？"

朋友说："她们俩关系挺好的，我不想她们因为这件事情把关系搞差了。我想小月怎么退一步，让让她。或者有没有其他的方法，比如两个人一起去做汇报。朋友关系不是应该比汇报的机会更重要吗？"

对朋友的看法我是不认同的，同样的东西，其重要性对不同的人来说是不一样的，她明显是把自己的想法默认成了孩子的想法。

我对朋友说："如果这次部门汇报，一开始说好了你去汇报，然后你有一个关系比较好的同事说他想做汇报，你愿意把这个机会让给他吗？这可是一个在领导面前展现自己的难得机会啊。"

朋友说："那肯定不能让给他。工作中大家虽然是同事，关系再好也是竞争关系，我肯定不会把这个机会让给他的。但是孩子情况不一样啊。孩子们现在还在学校，学校的同学关系不是更重要吗？而且这是汇报又不是考试,最后学校还是看考试成绩的,所以汇报在学校并没有那么重要。"

这个时候,我朋友明显没有考虑到孩子的心情。她站在了家长的角度来思考,学校里最重要的是成绩,然后是同学关系,至于汇报这类活动,能够有一次展示机会,当然很好,没有了这次展示机会也没什么关系。

可是其实同学关系和单位同事的关系一样,大家都在争取这个展示机会的时候,她们既是朋友也是竞争对手。并且,她们会因为这个发生争执,就说明两个人都很重视这个机会,而不是家长所想的这次机会不重要。

其实不仅是孩子,大人也会出现和好朋友有争执的情况。发生这样的情况比和普通朋友产生争执更伤心。因为你会觉得,我们关系这么好,你怎么就理解不了我呢?

但是我们同时要认识到没有任何两个人在一起是可以不产生矛盾的,只要是两个不同的人在一起就会产生矛盾,这是很正常的,所以不要在孩子出现矛盾的时候过于紧张。

孩子之间的矛盾,是属于孩子自己的问题,所以应该把这个问题留给孩子自己解决。

孩子在学校的时候如果可以自己解决这样的一些矛盾，哪怕孩子没有处理好，他以后也会有更多的机会去挽回，有更多的机会去尝试不同的处理方法。

家长要相信，如果两个人真的合得来的，两个人一定会在矛盾过后继续保持友好的关系。

但是如果因为这个矛盾让他们认识到，自己和对方其实是两种价值观，是不一样的思维，这样的矛盾也是分辨是否需要保持好友关系的一个机会。

家长想要指导孩子处理朋友之间的事情，那么首先问问自己，是不是把你所有朋友的关系都处理得特别好？

如果答案是否定的，请让孩子自由发挥。因为说不定孩子想出来的办法更好。

不要一开始就向孩子提供应该如何处理的方法，这样会扰乱孩子的思路，妨碍孩子自己思考。

当孩子和朋友产生矛盾的时候，如果他们愿意向父母倾诉，父母可以通过提问，帮助孩子整理思路，让他们思考。

比如矛盾点在哪里，孩子自己的想法究竟是什么，这次矛盾反映出什么问题，又可以从哪些角度去思考，但是不要告诉他们应该怎么做。因为家长并不能判断

这个朋友就真的适合孩子。

而且说到朋友这个问题，我们会发现，在每个阶段我们身边的朋友都是在不断地变化，真正能长时间保持友谊的只有几个人。

为什么会这样呢？其实是因为每个人的脚步不一样，可能有的人走得快，有的人走得慢，有的人向左走，有的人向右走。

当你们之间的差距越来越大，大家不处在同一个世界的时候，你们的关系也就慢慢地变远了。

家长只需要告诉孩子一点：如果你认为对方是值得交的朋友，那么不见得非要理亏的一方先伸出手来。只要你想和好，不管你是理亏的一方还是占理的一方，你都应该向对方伸出手。

面对真正的朋友是不需要考虑面子问题的，不要觉得自己先去找他和好，就是没面子。

家长毕竟不是孩子本人，家长不能判断这个朋友目前是否真的适合孩子，又或者家长不能判断这件事情的对错究竟是怎样的。

更何况有的事情站在不同的角度有不同的判断，根本没有办法说谁对谁错。那么家长就大胆地给孩子机会让他去自己处理这些问题吧。

　　家长培养孩子是要再复制一个自己吗？并不是。家长其实都希望孩子能够超越自己，那么如果孩子所有的行为都按照家长的想法来做，那孩子会超越家长吗？当然不会。只要家长放下自己比孩子厉害的想法，就可以看到孩子不断地成长，并且超越家长。

孩子的独立，离不开父母的放手

　　爸爸在阳台弄了一个很小的菜园，种一些菜和水果，比如草莓、小白菜之类的。前年爸爸种的草莓还没有完全长好，就有小鸟趁着没人的时候来吃草莓。那会爸爸也不知道该怎么办，总不能一直守在阳台上。最后我们自己吃到的草莓反而不多，大部分都被鸟吃了。

　　去年又到草莓生长的季节，爸爸就想：这次一定要把草莓保护好。于是他用了一层遮光布，把整个小菜园围起来，避免草莓被鸟吃了。去年的草莓果然大丰收了，但是大部分吃起来却一点儿都不甜。爸爸想了半天说：噢，可能是因为用了遮光布，虽然草莓不会被鸟吃了，可是它也晒不到太阳了。植物的生长最需要太阳，结果最后结的果实就不甜了。

今年爸爸就又改变了保护草莓的方法。在草莓长出来之后，用纸很宽松地把它们一个一个地包起来，虽然是包起来的，但其实还有很多的空间，只是为了让鸟看不见草莓而已。今年爸爸种的草莓不但丰收了，而且味道特别得甜。市场上卖的草莓，一般是提前摘下来放熟了的。而我家的草莓是自然成熟了之后采摘的，所以比市场上卖的还要甜。

其实孩子也和草莓一样。父母会害怕孩子被很多东西伤害，于是给予他们很多的保护。那最后他们会不会像被保护得特别好的草莓一样？

草莓不能用遮光布保护起来，但是父母保护孩子的时候，常常用父母的规矩、用父母的爱把孩子给围起来，太多的规矩和爱反而让他们不能够体会到空气和阳光。

如果对孩子完全的放任不管，那么也许会像对草莓放任不管一样，很多就会被鸟给吃了，而少数没有被鸟吃掉的草莓，只能用幸运来形容。但是父母不能把孩子的成长全部寄托在幸运上面。

如果到住宿学校去观察一下，你就会发现，孩子刚进学校一段时间，会不断地要求父母去看一下他，或者是表达自己对父母的想念，父母也会常常忍不住就去学校看孩子。可是在住宿学校待上一个学期，孩子往家打电话的次数越来越少，可能一个星期都不会往家里打一个电话。

这个时候父母难免会抱怨说：到学校就忘了父母了，真不知道把孩子送去住宿学校对不对？

现在很多年轻人因为工作的关系，要把孩子放在老家给父母带，或者是孩子放暑假了，父母就会把孩子带回老家玩一段时间。短暂出门的时候，可能父母更多体会到的是：孩子终于不再身边了，我终于可以跟朋友聚会了，我终于可以踏实得多忙一点儿事情了。现在的通讯这么发达，父母可以每天和孩子打打电话、聊聊视频，表达一下对孩子的思念。

但是如果时间长点儿，孩子出门一两个月，父母会发现：孩子不像最开始那样在电话或视频里面和父母说很多话了。孩子可能会在视频接通了之后告诉父母，我要和谁玩去了，就不跟你聊了，然后就飞奔离开了。任凭父母呼唤孩子，孩子在遥远的那头只顾自己开心地玩耍，并不会和父母说太多。这样的情况多发生几次，父母就会觉得，孩子怎么不想我了？

其实每个人都希望在付出之后有回报，只是希望得到的回报不一样。有的父母可能希望孩子功成名就，自己脸上有光；有的父母可能希望孩子多关心一下自己，哪怕是多打几个电话；有的父母希望孩子挣到钱了，让自己也可以跟着享享福。

父母在付出爱的时候，最低限度会希望收获到孩子的爱。有一个朋友跟我说，我们教育孩子，最想得到什么？

我当时随口说的答案是："想要孩子成功，想要孩子幸福。"

她说："可是我最想要孩子爱我，就是不管孩子以后是什么样子，不管孩子长到多大了，我都希望孩子是爱我们父母的。"

其实，父母总是认为自己付出了很多爱，孩子就理所应当地懂得父母地付出，应该给予父母回报，哪怕只是一句关心的问候。

父母要从孩子身上得到安慰，得到爱的回报，得到自己想要的荣耀，实际是父母不能独立于孩子，用爱的借口不放手，紧紧抓住孩子。而不是孩子不能独立于父母。

孩子读大学时，一般会选择离家较远的学校，其实就有摆脱父母的关怀、独自成长的想法。

在孩子需要独立和父母想要关怀孩子的矛盾下，父母会产生一些烦恼。

孩子住校之后有一个问题，就是遇到天气变化，穿多少衣服合适？在家里，父母总是会想要安排好孩子穿着，一会儿怕孩子冷，一会儿怕孩子热，一会儿又说穿这件衣服不好看。几乎每个孩子跟家长都在穿衣服上面产生过争执。

为什么会产生争执？因为家长总觉得自己是对的，天气的变化孩子感知不到，一定要家长来指挥。家长的思维是：孩子穿少了，就会生病，孩子生病了，家长要照顾孩子。这时，孩子自己不舒服，家长也会更忙碌。注意，孩子不舒服，是他的问题，家长并不会感觉到。心疼和忙碌才是家长的感受。为了让自己不心疼、不忙碌，孩子就不能生病。

可是每个人是不一样的。父母觉得孩子穿少了会冷，可能给孩子加了衣服，最后让孩子热着了。这种情况在婴儿时期特别容易发生，尤其是老人带孩子，就总是担心孩子会冷着。

但是，如果孩子不经历一次冷着了，然后生病了，嗓子痛，身体不舒服，孩子怎么知道冷着了会有这么严重的后果呢？

家长告诉孩子衣服如何穿，可能孩子生病后还会想：就是你让我这样穿才生病了，就不该听你的。

如果孩子一直在大人的呵护下长到18岁，到了大学，可能别人穿着棉袄，他突然穿一件薄外套就出门了。你说他不知道冷吗？他知道冷，他可能想的是，就忍一下就好了，我就去那儿办件事儿，很快的，不会有事的，结果回来就生病了。

西方有个说法是：你的孩子越独立，表示你越成功。我们也应该学会为孩子的独立骄傲，而不是因为孩子独立了，就担心和孩子的关系疏远了。

放手吧，当你放开双手，让孩子慢慢成长为他自己。你会发现，孩子的独立、孩子的成长，会让孩子更懂得理解父母的爱。

给孩子自主空间的小方法

给孩子自主的空间，既可以是真正的一个独立空间，也可以是一个照顾孩子的界限。孩子刚开始读书的时候，很多作业都需要父母进行辅导，所以孩子做作业的时候并不会避开父母，但是随着孩子长大，孩子做作业开始到单独的一个房间去，然后把门关上，不让父母看着他们写作业。这时候其实就是孩子自己已经意识到，他想要一个独立的空间了。

有的父母就会担心，看不到孩子的学习情况，就会想，孩子到底在屋里做什么？会不会没有写作业，而在玩呢？

父母脑子里面就开始了各种想象, 想着想着自己实在忍不了了, 就找各种借口看孩子。比如给孩子倒水, 推开房门去看孩子在做什么。其实家长有这样的举动, 还是出于对孩子的不放心和不信任。

为什么不信任孩子呢? 因为觉得孩子小, 不懂事, 太贪玩, 可是家长如果不在小时候给孩子自主空间, 不让孩子自己来把握, 那么孩子可能到了20岁、30岁仍然不懂事。

为什么要给孩子自主空间?

一对老夫妻有两个女儿, 大女儿从小不怎么做家务, 老夫妻也就从来没有让她做过什么事情, 读书、上学、工作全部都是在父母跟前, 连住校都没有住过, 一直都和父母在一起。二女儿读完书之后, 就出国自己奋斗拼搏去了。

结果大女儿都快40岁了, 还没有结婚。二女儿在美国生了孩子, 需要父母去照顾。老两口就特别担心, 大女儿在家该怎么生活, 几十年都没怎么做过饭, 做过家务事, 都是父母在照顾她。但是老两口转念一想, 毕竟已经这么大了, 应该也没什么大的问题。于是父母交代了一番, 就去美国照顾二女儿了。等了两个月, 父母回来发现, 大女儿虽然家务做得没有那么好, 但是自己独立生活是没有问题的。放下心后, 父母又到美国去照顾二女儿了，这次去待得时间比较长。结果老夫妻走的这一年中，大女儿顺利地找了一个对象，并且马上就要结婚了。

为什么老夫妻照顾大女儿的时候，大女儿反而显得各方面都不顺利呢？

因为独立自主性是一个整体的概念。某个人是不是独立自主的人，是体现在多方面的，不可能只是体现在一方面。比如没有人在生活上是独立的，但是在学习上不独立；或者在学习上特别独立，在生活上不独立。

因为一个人如果真在学习上特别独立，那么他就会有更多的思考、更多的想法。在生活中遇到事情，他也会自然而然地去思考。思考能力是个整体的能力，不会只能思考这个方面的，而不能思考其他方面的。

可能有的人会说，很多科学家就专注于他们的学科研究里面，生活上就是一塌糊涂。但是你要注意，科学家生活上的一塌糊涂，其实是他懒得花费精力在上面，而不是他没有独立自主的能力。

那怎么给孩子自主空间呢？

1.我们先从物理空间上来说自主空间

有条件的家庭能够给孩子一个独立的房间是最好

的。孩子在自己房间里写作业，做他自己的事情，这种时候家长尽量少去房间打扰孩子。家长如果想要把握孩子的学习情况，就可以在孩子学习之前，和孩子讨论，比如这两三个小时孩子准备做什么，然后两三个小时之后去看一下孩子是否把他计划的事情都做好了。

没有单独房间的，家长就可以给孩子布置一个独立的小角落，比如书桌所在的角落就是孩子的。家长也应该在孩子学习、看书、思考的时候尽量少在孩子那个范围里面走动。当你思考一个问题的时候，旁边一直有人走来走去，请问你会生气吗？会心烦吗？孩子也是一样的。

2.我们再从界限上来说，给孩子空间

第一，多给孩子选择的机会

家长不要因为孩子小，就帮孩子做决定，比如第二天要出门去玩，父母就可以提前和孩子商量出门的时间，问一下孩子愿意几点出门，给两三个选择，让孩子来选择。

孩子的时间安排也一样，尽量给孩子选择，而不是直接告诉孩子，家长的决定是什么。

比如，孩子看电视，就提前和孩子商量好，我们是看一集还是看两集？看完之后我们要做什么比较好？

让孩子主动来思考和回答。而不要孩子准备看电视的时候，告诉孩子："这次只能看1个小时。"

第二，不要去追着孩子问很多的问题。

父母想要了解孩子的心情，可以理解。但是父母不要追着孩子问很多问题。孩子会觉得这个不像关心，而像审问。另外，确实要问问题的时候，尽量问开放性的问题，让孩子有更多回答的空间，不要超过3个问题。

比如孩子和同学出去玩回来，如果家长问：今天你们都有谁去了呀？今天好玩吗？吃了些什么？东西好吃吗？结束的时候，你们都是怎么回家的？这样的问法就会让孩子觉得自己在被家长审问，回答起来会很敷衍。

相反，在孩子回来的时候，只是表示欢迎或者稍微问一两个问题，孩子会感觉更轻松，说不定就主动和家长聊出去玩的情况了。即使孩子不马上和家长说，家长也不要着急，其实孩子都有倾诉的欲望，晚一些也许会说。甚至，这次不说，几次之后，孩子会觉得，父母好相处，也就愿意和父母聊天了。

第三，给予孩子更多发挥的空间

孩子所有新奇的或者稀奇古怪的想法，家长不要在第一时间进行反驳或者否定。如果家长习惯性地去否定孩子的想法，孩子就会越来越不愿意发表自己的意见和看法，也不愿意发挥自己的想象力。

孩子的想法得到家长的支持，他才会更敢去想象。

比如孩子看着鸟说："我也好想在天上飞。"

家长可以说："我也希望你能在天上飞，那种感觉一定特别棒。"

孩子说："我想要赚钱了，这样我就可以有更多的零花钱了。"按照一贯的思维，家长一定会说"你还小，现在还不到赚钱的年纪，你赚不了钱。"但是给予孩子空间的说法是"你想到哪些赚钱方法？你可以说出来让我听一听，也许你可以去尝试一下。"

第八章

第七个关键词：自控力

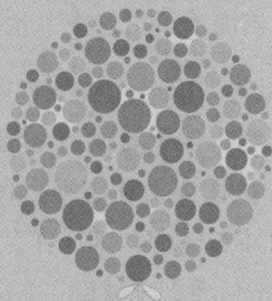

孩子抱着手机不放怎么办

　　古时的人们日出而作，日落而息。人们发明了围棋、象棋这类棋类游戏，以此增加娱乐性。我相信古代希望孩子通过科举考试、从而飞黄腾达的父母一定埋怨过孩子喜欢下棋而不读书这类事情。

　　20世纪80年代、90年代初没有电脑，但是电视已经进入了普通家庭。这个时候的电视对孩子们产生了极大的诱惑。于是在读书和电视之间，父母和孩子又展开了一系列的斗智斗勇。那个年代的很多孩子都听父母说过"你信不信我把电视砸了"这类话语。

　　随着科技的发展，手机的用途越来越多，以至于电视都变得不重要了。现在成年人对手机有了更多的依赖，如果出门没有带手机，就总觉得哪里不对劲。孩子们就更不用说了,如果不在手机上玩某些游戏,看某些视频,到了学校和同学们都没法交流了,于是这一代的家长们开始和手机较上了劲。不知道有多少父母恨不得把孩子手上的手机摔掉,因为觉得它占用了孩子太多的时间和精力。

其实不管是电视、手机,还是古代的下棋,它们的诱惑性并不只是针对孩子,而是针对人性的弱点。人的天性就是懒惰、贪图享受。所以,学习本身就是一件反人性的事情,学习需要克制自己玩耍的欲望。在手机面前,很多大人都觉得自己把控不了,心里想着,我只是拿手机看一下小视频。结果乐呵呵地一笑,自己觉得没看多久,可能1个小时已经过去了。

这几年还发生过很多起因为家长抢夺孩子手机、不让孩子玩手机、结果孩子离家出走的事件。于是家长就很困惑,我到底要怎么管孩子,才能让孩子处理好玩手机这件事情?

家长可以在心里默默地问自己几个问题,我真的完全不能让孩子玩手机吗?

理性地思考一下,就会发现答案是否定的。那么父母既然允许孩子玩手机,为什么孩子玩手机的时候,父母会不高兴呢?因为孩子没有尺度,玩着玩着就忘了时间,忘了吃饭,忘了学习。

所以这件事情的矛盾点，不是孩子玩不玩手机，而是孩子玩手机没有分寸，不能把控时间。

在引导孩子不沉迷手机这件事情上，家长不能够直接跟孩子说："你只能玩1个小时。"这样的命令式语言。因为这是家长做的决定，相当于给孩子立的一个规定。

可能有的家长自己不玩游戏，不能体会到：当孩子和别人组队做一个任务的时候，眼看着任务马上就要做完了，家长忽然冲过来一把抢过手机，导致孩子任务失败，变得愤怒。当家长不能理解这种情绪时，心里只有一个想法：你竟然因为手机和我生这么大的气，太过分了。

这时家长也开始变得愤怒，于是就成了两个发怒的人相互怒视。这个时候最重要的已经不是怎么处理问题了，反而是两个人怎么平复情绪。发怒的时候不适合解决问题。

在引导孩子控制手机娱乐时间上有一个好方法：和孩子提前约定好玩手机的时间。父母仔细观察一下孩子玩一局游戏需要多长时间。如果玩一局游戏的时间比较短，在半个小时之内结束，那么父母可以和孩子商量，把玩手机的时间限定在玩一局或者玩两局，结束了就不玩了，而不是约定具体的时间。当然，也可以和

孩子讨论一下是否玩半个小时就好了,如果孩子结束一局游戏,还没有到半个小时,他可以在手机上浏览一下其他的内容。

在和孩子定好规则的时候,有一个关键点要注意:不管你跟孩子约定的是玩一局还是玩半个小时,最开始的几次极有可能需要你进行提醒。你可能会觉得,为什么孩子和你说好了,最后却没有遵守规则,是不是这样的规则没有效果。

其实想想你自己看小视频或者看电视的时候,你是否也想过,我再看10分钟或者我再看半个小时就好了,最后还是会忍不住超过时间。其实孩子也会有这样的情况,但是我们稍做提示,孩子就会反应过来。

多练习一下,孩子就可以控制好玩手机的时间了。不要高估孩子的自控力,用平常心来面对,你就会发现,过一段时间孩子会做得越来越好。

如果家长们害怕自己提醒的时候会控制不好情绪,或者不想常常去提醒。那么家长可以通过设置闹钟来提醒。

和孩子商量好,玩半个小时手机,就让孩子自己用这个小闹钟倒计时半个小时。当小闹钟响了之后,你可以默默地观察一下孩子的反应,如果等几分钟孩子还在玩,你可以做一些提示,比如咳嗽几声,引起孩子的注意。孩子其实知道你是什么意思，会发现自己已经超时了。大部分孩子因为有约定并且有闹钟提醒，经过一段时间的练习，孩子就可以做到闹钟响，就不玩手机了。

偶尔个别孩子可能在父母做了提醒之后，还是特别想玩。这个时候父母可以起身问一下他怎么了。注意语气和语调，不要是质问他的语气，是很轻柔的、一种想要了解事情的语气来询问。孩子可能会告诉父母一些理由，希望多玩一会。

这时父母可以继续询问："我们开始说好了的，那现在应该怎么办呢？"让孩子自己思考这个问题的答案，家长不要冲动地给孩子贴上不守规则等标签。通过思考，他可能会给家长一个合理的答案，或者他会给自己一个不继续玩的理由。总之，让孩子自己思考，并且说出来。

另外，家长不要在开始制定规则的时候，就先把惩罚措施制定好。因为惩罚措施会让孩子觉得：如果我受了惩罚，我就可以继续玩了。惩罚，会让孩子没有内疚感。如果没有惩罚措施，只是讲规则的话，孩子反而更容易遵守。当他不遵守的时候，父母再通过询问来引导孩子进行思考。这也有利于他来思考各种情况和处理方式的。

最后再提一个小的建议，当孩子放下手机，请把手机从孩子的眼前拿走，不要把手机放在孩子面前，考验孩子的自制力。你想想，如果你喜欢吃蛋糕，但是要减肥不能吃，在你面前摆一块蛋糕让你看着，一定会影响你做其他的事情，在内心不断地纠结是否要把它吃了。当我们知道诱惑在哪里的时候，可以选择离开诱惑，不要去挑战自我。

希望在诱惑面前，父母和孩子同心协力，达到大家都满意的效果。

孩子的自我决定比家长的唠叨更有效

在《爱丽丝梦游仙境》里，爱丽丝问："能否请你告诉我，我该走这里的哪条路？"猫说："这要看你想去哪儿。"爱丽丝说："我去哪儿都无所谓……"猫说："那么走哪条路，都是一样的。"

每年高考填志愿的时候，父母和孩子商量，到底读什么学校什么专业，有一些孩子自己有明确的目标，但是更多的孩子处于迷茫状态。

父母问："你喜欢哪个专业呢？"

"不知道。"

"那你以后想从事什么样的工作呢？"

"不知道。"

"你有没有什么特别喜欢的方面呢？"

"没有。"

父母有没有想过，这些问题如果在孩子读小学、读初中时，就开始询问会更好呢？

但是那个时候父母所关心的是：孩子的语文能考多少分，孩子的数学能考多少分，孩子的英语又能考多少分，因为不管以后学什么专业，这些基本科目都是要考的。所以父母的关心点就成了这些学科能够考多少分，而不是孩子有什么梦想。

如果在小学、初中，孩子说：我要当厨师，我要当蛋糕师等，大部分父母不会想到说："你喜欢那你去学这些吧。"而是会说："学这些干什么？把时间多用在学习上。"

但是大家都知道，要让孩子努力学习，或者自己要做成一件什么事情，一定要自己有很强烈的欲望，从内心推动自己向前走。可是在家长催促孩子学习，催促孩子练习某些技能的时候，有没有站在孩子的角度想过，为什么孩子要做这样的事情？怎么来激发孩子内在的动力？

比如孩子问父母:"我为什么要读书?"

父母可能会说:"因为要考上大学。"

孩子:"我为什么要考上好的大学呢?"

以前家长的回答是:为了能有一个好的工作。

现在的回答渐渐变成了:你能有更多选择的权利。

可是其实这些答案都太宽泛了,孩子真的能懂吗?孩子说不定在心里想:我不想要那么多选择权,我就想学习之余,有点儿玩游戏的权利。

父母是不是在心里想:没关系,孩子现在不懂,以后会懂的。那孩子可以等以后懂了,再开始学习吗?

不给孩子自主决定的权力,最明显的领域就是学习。如果问家长:学习是孩子自己的事情吗? 家长会说:是孩子自己的事情。继续问家长:那是孩子自己的事情,你为什么一天要管这么多呢? 家长一定会说:我如果不管他,他就不知道学习了。

我想说整个逻辑就是错误的,孩子不知道学习的原因可能有很多。家长不去寻找最关键的原因,从根本上把它解决,却只会一味性地强迫孩子学习,这根本就是不对的。那为什么我们总是会用强迫性的方法来让孩子做很多事情呢? 那是因为这个方法对家长来说是最简单的,家长用这个方法最轻松。

可能有人反驳："轻松？哪里轻松了，陪孩子写作业，我病都写出来了。"

那是因为想方设法了解孩子，寻找孩子学习的动力，不断和孩子沟通，更全面地认识孩子，接受孩子普通，这些似乎都比陪孩子写作业更难。

我曾经听到一个孩子和她妈妈的对话。

孩子："我们现在放假就是作业和补习班，我可不可以不去上补习班了？"

妈妈："你如果不上补习班，你在家根本就不看书，所以你还是去读补习班吧"

孩子说："我会主动看书，你就是不相信我。"

妈妈应该也学过现代的一些教育方法，于是回答孩子："我相信你，我当然相信你能做好了。"

在妈妈说了这句话之后，孩子很完美地反驳了妈妈："那你就应该相信我是聪明的，不要让我去补习班，为什么还要让我去？我自己可以安排好学习时间。"

通过这段对话，我们可以发现，妈妈用语言表达她信任孩子，可是妈妈的行动却是告诉孩子：我是不信任你的，你的一切都要听我的安排。

关于补习班的问题，有一个老师这样跟家长说：

"如果你的孩子在学校，5天都学不好，你觉得到补习班两个小时，就可以把5天的内容都学好吗？如果这么简单的话，那还要到学校读书干什么呢？那就在补习班里面，每周上两个小时就好，不需要到学校来了。"

家长为什么总是不敢让孩子自己做很多的决定呢？是因为家长内心有一个想法：孩子小，孩子还不懂事，所以不能做决定。

那孩子什么时候会长大，什么时候会懂事呢？孩子到了18岁就会懂事了吗？

可是我们看见更多的是，很多家长抱怨二十几岁的人，大学毕业没有找到合适的工作，在家里面待着。父母再三催促出去找工作，可是孩子就是不听，在家里面玩游戏。

这就是因为自主决定的机会少了，没有得到锻炼。真让他自己决定很多事情，需要面对社会的时候，他就退缩了。

还有一种情况也很普遍，大学毕业之后父母催着结婚，于是在父母的安排下相亲了，结婚了。紧接着父母又催着生孩子，孩子生了之后，就交给父母带了，仿佛不是自己的。

你问他们为什么不自己带孩子呢？他们可能还会

理直气壮地说："他们让我生的，说好了生了他们带。"或者他们会对朋友说："结婚生子，终于搞定了，总算完成任务了，不会被爸妈念叨了。"

为什么这些年轻人会这样说？因为他们的结婚和生育并不是自主决定的，而是在父母的催促下，满足父母的心愿而做的事情。

因为孩子年纪小，确实有不懂事的地方，在自我决定上不能很好地做决定，所以需要父母协助孩子，引导孩子来做自我决定。

比如孩子放学了，父母可以问孩子："今天晚上的时间你准备怎么安排呢？"这个时候孩子就会进行思考，然后会把自己的安排告诉父母。家长放心，孩子绝对不会说："我今天不写作业。"孩子很清楚不完成作业，第二天会被批评。孩子一定会把作业和学习安排进整个时间安排里。

如果孩子安排写作业半个小时，但是父母觉得可能需要1个小时。父母可以问一句："今天的作业半个小时能写完吗？"如果这个时候，孩子思考了觉得写不完，就会修改安排；如果孩子思考了之后，觉得他写得完。孩子会告诉父母："没有问题，我可以完成。"

这个时候父母只需要说："好的，反正作业必须要写完的，你自己安排了就好。"哪怕孩子先安排玩1个小时，然后再开始写作业，也请父母尊重孩子的安排。

在当天的作业以外，如果父母有其他的学习要求，可以一并告诉孩子，让孩子来安排。比如父母可以告诉他："今天除了做作业以外，你需要把课文再背一背，你记得安排进去。"

当孩子自己安排了时间之后，一般会比较好地完成自己的安排，因为这个是他自己决定的。当然因为年纪小，可能会在某些安排上，比如娱乐上，实际玩的时候可能会有延长，这个时候父母可以提醒："你安排的时间好像到了。"孩子大多会很好地遵守。

除了时间的安排，还有事情的选择上，也尽量让孩子自主决定，这样当遇到困难，孩子就没有借口说，都是因为你让我这样做的。

孩子是他自己人生的主人，当他开车走向他想要前进的方向时，他自然会把握好方向盘，哪怕最后路选错了，他也知道掉头往其他的路上开。

如果父母帮孩子做了他人生的决定，就相当于父母抢夺了孩子人生的方向盘，如果一直都由父母控制孩子人生的方向盘，那么一旦父母没有力气去控制孩子的方向盘，或者父母没有能力去给孩子指引方向，而此时孩子还没有学会开车，那么他的人生又将面临一种怎样的局面呢？

养成习惯，别让孩子晚睡、赖床

很多父母都有这样的经历：起床时间到了，不管是定闹铃，还是三番五次地去喊孩子，孩子们常常都不愿意起床，找各种借口，转身又睡了，尤其是在冬天。其实不要说孩子，就是我们大人，经常也会为了起床挣扎好一会儿。

我们先来聊聊为什么孩子早上会赖床？因为他们知道父母一定不会让他们迟到的，父母叫他们第一声，可能意味着他还可以再躺一会儿，等到父母变得火冒三丈的时候，就到了他们不得不起床的时间。其实孩子特别聪明，他们对家长情绪变化感受得特别清楚。

还有个原因就是，孩子们没有意识到：我晚起了有什么关系，我读幼儿园迟到了有什么关系吗？妈妈上班晚了有什么关系吗？孩子完全意识不到会有什么结果，所以他就会不断地赖床。

遇到孩子赖床，家长可以怎么做呢？如果孩子读幼儿园了，可以和老师沟通，让老师去告诉他，迟到了会受到惩罚。家长也可以和孩子说："早上我会在起床时间叫你一次，如果你不起来，我会在出门的时候再叫

你一次，这次是告诉你，我们该出门了。"

很多家长在孩子起床晚了的时候，会担心孩子还没有吃饭，孩子还没有收拾好东西。

其实对孩子起床的焦虑也在于这里，除了起床，还要操心很多其他的事情。现在经济条件这么好，哪怕孩子少吃一顿早饭，又有什么关系呢？真的是不要太担心这样的问题。

第二天家长就可以在起床时间喊孩子起床，之后就自己开始做饭吃饭，收拾好所有需要准备的东西。如果是赖床习惯了的孩子，大概率的情况是不会起床的。那么当家长已经做好出门准备的时候，就可以再去叫孩子起床了。

这个时候就可以把准备好的小书包以及其他需要带的东西，都拿到孩子面前说："我们该走了。"孩子就会比较匆忙地起来，穿上衣服，你就可以带孩子出门了。这个时间段，家长动作一定要快，让孩子体会到那种匆忙的感觉。但是在时间的把握上，需要造成迟到几分钟的效果。

因为已经提前和老师说好了，老师就会因为迟到的事情和孩子另外沟通。

家长做这一系列事情的目的，是要让孩子体会到，自己和父母说好的什么时间做什么事情是不能改变的，让孩子体会到做事的流程，他才能来配合这个流程做事。

但是，如果家长自己都在每天变化，今天很耐心地喊十遍起床，明天很不耐心地掀起被子就要收拾孩子，后天又干脆因为起不了床就请假不去学校了，这样孩子就会觉得起床这件事情其实是很随意的，主要是看父母的心情，并不是自己一定要按时起来。于是孩子就会随他的心意来决定起床的事情。

只有当孩子意识到守时的重要性之后，他才会重视时间的安排。比如经历几次这样的早起流程，孩子就会知道在父母第一次喊的时候起床，要不就会吃不上饭，还可能晚到学校被老师批评。

以后孩子不但在早起这个问题上会开始认真地遵守规则，在其他的问题上也会慢慢地开始配合时间安排。比如到吃饭的时间了，就应该吃饭，而不是去玩耍。如果他发现不在吃饭时间吃饭，之后就会饿肚子的话，他自然就会看见饭菜上桌就到桌子前面等着，不需要人去催促他了。

至于晚上不睡觉，这个是习惯性的问题。孩子可能偶尔会有半天不睡觉或者晚睡觉的情况，这种都不用担心。就像成年人，哪怕你习惯于某一个时间睡觉，

偶尔也会出现有事情或者是睡不着觉的情况，但是家长们要保证大体时间是可控制的。

常常听见父母抱怨，孩子到了晚上11点还不睡觉。但是我也会听见另外一些父母说，孩子晚上8点多就睡觉了，到了时间自己就困了。为什么会有这么大的差距呢？

其实家长可以从睡觉习惯的养成上来思考：自己是否加班晚了回到家，也不管孩子是否该睡觉了，就开始逗弄孩子，和孩子玩。孩子玩得高兴了，自然就不想睡觉了。常常这样，他就会觉得睡觉时间是娱乐时间，睡觉时间自然就会推后。

现在很多儿童专家建议家长在睡前给孩子读书，这个建议没有问题，但是相信很多父母都有这样的经历：给孩子读完书，告诉孩子该睡觉了，可是孩子却在那里兴奋地玩耍，没有一丝睡意。这个时候家长可以把灯关了，和孩子一起躺在床上，可能孩子仍然表现出不想睡觉的样子。家长可以假装自己睡着了，让孩子自己在旁边玩。

习惯的培养不着急。有的家长假装睡觉5分钟就睁开眼睛看孩子，孩子会以为家长在那里和自己闹着玩，更不愿意睡觉了。

其实家长忙碌了一天，可以趁着这个时间自己小睡一会儿。等一会儿醒来，你就会发现孩子已经在旁边睡着了。那是因为孩子发现没有人和他玩了，而且灯已经关了，他知道到了睡觉的时间。当他发现父母在旁边已经睡着了，他自己也没有兴趣的时候，自然就睡着了。

关于睡觉和起床这种事情，家长一定要注意一个要点：要允许例外的发生。比如一个月可能有两三天晚睡或者晚起的情况，这都是正常的，不要因为这个就陷入了焦虑。

孩子再大一点儿，自主意识增强之后，有时候反而会赖床，这时也需要根据原因进行分析和采取办法。

刘墉就说过，他儿子读高中的时候，他和太太两个人轮流喊儿子起床，特别麻烦。

结果有一天儿子的一个女同学打电话给他，约定早上一起去学校。儿子很快就起床了，完全不需要他们催促。

后来他和儿子说："我可以每次给你那个女同学3美元，让她叫你起床吗？"结果他儿子回答的是："你干脆把3美元给我吧，这样每天早上我去请她吃早饭，我也不会赖床了。"

其实他儿子的这个提议也不失为一个好方法。这就是用同伴力量来产生督促作用。

不过这个方法更适用于大孩子或者成人，年幼的孩子更适合习惯的培养。如果是父母自己起不了床，倒是可以试一试同伴帮助这个方法。

在习惯的培养上，家长一定不要焦虑。如果陷入焦虑，可以问自己一个问题：我是要培养一个怎么样的孩子？我是要培养一个早睡早起的孩子吗？哪怕他一无所成，只要他早睡早起就好了？

相信你回答了问题，就可以从焦虑中解脱出来。

认识情绪，才能控制情绪

再温柔，再会控制情绪的人，也都有情绪的高潮和低潮，这是没法避免的。

耳朵不好的人，常常对别人说话也特别大声，因为他怕别人听不到。开车遇到堵车的时候，人的脾气也会特别着急。哪怕司机其实没有急事，也会觉得：怎么堵车了？耽误我的时间。东西乱放的人，一旦被别人把东西收拾整齐了，就会出现找不到东西的情况，然后会特别生气。此时，他不但不会感激别人把桌子收整齐，还会埋怨别人动他的东西。

不知道大家是否暗自埋怨过自己：我为什么控制不好自己的情绪，为什么刚才发那么大的火？

其实，所有的情绪都是应该被接受的。伤心、生气、郁闷这些情绪是坏情绪，这样的说法就是错误的。没有情绪是坏的情绪，也就是说，情绪本身没有好坏之分，也没有对错之分。

我们不应该一味地去控制情绪，而应该想办法找到情绪背后的原因。对待孩子也是这样，当孩子哭了、生气了，第一反不应该是去指责孩子："你怎么哭了，不准哭"。

豆瓣2015年评分最高的动画片，也是第88届奥斯卡金像奖最佳动画片《头脑特工队》。这部动画片里面没有一个反派，所有情绪都是有用的。

《头脑特工队》里的女孩莱丽，有几个伙伴，他们是乐乐、忧忧、怕怕、厌厌和怒怒，分别对应的是快乐、忧伤、害怕、讨厌和愤怒。快乐，让你开开心心得过好每一天；讨厌的情绪，让孩子在年幼的时候不会乱吃东西，避免中毒；害怕的情绪，会让人远离危险、愤怒的情绪，会在孩子受到侵犯的时候保护孩子；那忧伤呢？

在动画片里面，乐乐是队长，但是忧忧一直都没什

么用,被大家排挤在外,仿佛忧伤对莱丽是没有用的,他只能闯祸,让人忧伤。在冰棒看到他的月球车被扔进遗忘深谷伤心不已的时候,乐乐用了各种方法,却不能让冰棒开心起来;此时,忧忧来到冰棒的身边,拍着他的背,说出他的感受,让冰棒悲伤的情绪得到了有效的缓解。

在动画片的最后,按下最关键按钮、帮助莱丽回去的正是忧伤。因为没有忧伤,快乐又从何而来呢?而且忧伤是负面情绪的宣泄。人生充满艰难,我们的痛苦需要用忧伤来表现。

正因为我们有各种各样的情绪,我们的人生才是完整的。如果一个人整天都是乐呵呵的,没有其他的情绪,只有快乐的情绪,周围的人不会觉得这个人心态很好,八成会觉得这个人有问题,什么时候都是高兴的,该伤心的时候还是高兴的。

每一种情绪都有自己的作用。如果直接用语言告诉孩子情绪是什么,我们该怎么面对情绪,孩子一定听不懂。

如果家长让孩子去看这部动画片,孩子就可以了解几种情绪的名字。这个时候家长就可以告诉孩子如何认识情绪了。

在孩子生气的时候,家长可以说:"这会儿怒怒在控制你吗?为什么是怒怒出来了?"刚开始用这个方法的时候,孩子可能还不会表达,家长可以做一些引导,说几个孩子生气的原因,让孩子做选择题。这样孩子就会告诉家长他生气的原因了。并且随着家长的引导,孩子会逐渐意识到他处于什么情绪当中。

我们常常说,我们要控制情绪、调整情绪。只有我们知道自己处在什么情绪当中,我们才能够有更好的办法来面对我们的情绪,调整我们的情绪。不能意识到自己当前的情绪,就说不上去调整情绪了。

有时候,我们会看见有人因为争执,特别大声地在那里说话。

这个时候他朋友跟他说:"小声一点儿,不要生气了。"可能他还理直气壮地说:"我没有生气,我就是声音大一点儿。"这就是典型区分不了自己情绪的人。

正因为他没有办法认识到自己处在发怒的状态中,他就不能控制他的情绪。当他发怒的时候,他还认为他的情绪是正常的,那么他就会让这个情绪继续保持,而不会对它加以控制。

美国心理学家尼科弗莱吉达认为,情绪本质上是一个无意识的过程。情绪是一种动机,帮助我们为行动做好准备,它是自发的生理过程,我们可以通过无意识的身体表现意识到我们的情绪。

为什么我们要控制情绪呢?

首先,我们的情绪不是只影响到我们自己,还会干扰到别人。人是社会性动物。

当你生气的时候,别人来安慰你或者劝解你,你说:"你不要理我,让我自己在这里生气就好了。"但是你板着一张脸在那里,同桌吃饭的人能开心吗? 难道你在旁边摆出难看的脸色,别人在跟前嘻嘻哈哈。想象一下这个场景,就会知道非常不和谐。

其次,没有人会一夜长大,所有人都是明白一个道理后,去实践、去验证,对这个道理进行巩固。

在明白一个道理、并且进行验证的过程中,总是有成功、有失败,所以我们的生命中就会一直充斥着各种情绪,而我们的情绪会影响到自己做事的状态。如果不能很好地调整情绪,又如何做好事情呢?

如果家长能在孩子成长的时候,就让孩子从小练习识别自己的情绪、认识自己的情绪,孩子就能更好地去和其他人产生共情,去理解别人。

另外,家长需要读懂孩子情绪背后的意思,以便更好地和孩子沟通。随着孩子年龄的增长,父母要面对的问题是,孩子愿意和父母敞开心扉说话吗? 愿意把自己的困惑、难处告诉家长吗?

　　如果孩子哭了，父母可以问："为什么这会儿忧忧出来了，是什么事情让忧忧出来的。"当孩子告诉你，因为什么而伤心的时候，对他来说就是一种进步。而孩子习惯了这样和父母沟通，也就更愿意把心里的事情告诉父母了。

　　最后，我们来谈谈父母如何面对孩子的情绪。

　　首先家长要能觉察到孩子的情绪，其次用倾听让孩子表达情绪，最后帮助孩子确认情绪、解决问题。要让孩子明白情绪是没有问题的，出问题的是他们错误的行为。

　　比如孩子想要继续看电视，但是家长不允许，于是孩子哭了，这个时候家长觉察到孩子的情绪，就对孩子说："宝贝，你特别伤心吗？"

　　孩子很伤心地点点头。

　　家长继续问："为什么伤心了？"

　　孩子说："我要看电视。"

　　家长说："我们说好了的，现在应该不看电视了。"

　　孩子说："我就要看电视。"

　　家长说："我发现你这会儿不是伤心了，你变成生气了。你因为不能看电视而生气了，对吗？"

孩子说："是的，我不能看电视，生气了。"

妈妈说："好吧，你可以生气，那你气一会儿吧。你可以生气，但是，我们还是不会继续看电视的。"

体验，带来成长

我们所有人都会在小时候被告知：过马路不要跑，慢慢走过去就好了。可是我们常常可以看到，不要说孩子，很多大人也经常跑着过马路。旁边的人看着心惊胆战，而他们自己还浑然不觉，认为自己很安全。

关于为什么不要跑，长辈给的解释一般是：如果你跑步过马路容易摔倒，当你摔倒，司机很可能反应不过来，于是车子就会撞着你。那么多人会跑着过马路，其实就因为对这个解释，内心都不服气：我不会忽然摔倒了的，所以我是可以安全地跑过马路。

直到有一个朋友对我说："我开车之后，忽然发现为什么不能跑步过马路了？"

我很惊讶，难道除了熟知的原因，还有其他什么原因吗？

他说："难道你没有注意到吗？开车和骑车的时

候,你会去判断别人的速度,然后决定自己的方向该怎么把握。当一个人他本来是走路的方式,你就会做出判断,按你现在的速度,在他走到你会通过的点之前,你已经过去,你们是不会撞上的。可是如果,他突然从走变成了跑,你做出的判断就不对了。而人从思维反应过来,到行动其实还有一个过程,于是车和人发生相撞的概率就会大大增加。"

听了他的解释,我才反应过来:对,我们的速度忽然改变,会影响对方做出错误的决策,从而发生碰撞。

回想起有时候我自己过马路,车子从我身边忽然擦身而过,我会在心里暗自埋怨:这个人骑车怎么这么不小心?也许对方心里想的是:你看我把握得多准,这个速度果然不会撞到她。

我朋友因为自己开车,体会到了司机角度看行人的方式,从而对不能跑步过马路这个观点有了更深的认识。

其实人都是在体验中学习和成长的,不管是大人还是孩子。

人类的整个发展进程,都是在体验中进行的。原始人因为拿了石头去切树叶和果子,发现棱角锋利的更好切一点儿,于是开始选择棱角锋利的石头当工具。

　　因为无意中发现摩擦可以使石头形状改变，人们开始把棱角不锋利或者不够锋利的石头，通过摩擦变得更锋利，从而有了最原始的工具，这都是在体验中慢慢进步的。

　　贝贝今年2岁，父母上班，爷爷在家带他。

　　爷爷喜欢喝白酒，害怕贝贝不懂事，会不小心喝到酒，于是每次吃饭之前，爷爷倒了酒就把酒杯放得高高的，然后继续去厨房里面忙碌。

　　等正式吃饭的时候，爷爷才把酒杯从高处端下来。这个时候因为酒杯在爷爷面前了，也不担心贝贝会不小心喝到。

　　可是贝贝很好奇，他看见爷爷每天特别高兴地端着那个玻璃杯，很开心地喝，觉得一定是好东西，自己也想要喝，但是一直没得到爷爷的许可。

　　有一天，爷爷刚把酒倒进杯子，还没有来得及放到高处，可能因为火太大了，锅里的菜都有煳味传来了。于是爷爷急急忙忙地把杯子往桌上一放，就去厨房忙碌去了。

　　贝贝在旁边看见了，发现机会终于来了，那个好喝的玻璃杯竟然就放在跟前的，而且爷爷还不在。

　　于是贝贝一个箭步冲上去。把玻璃杯拿着，迅速地喝了一大口。结果白酒到了嘴里,那股辣味一下就把他给冲着了,他立马哭了起来。

爷爷听见孙子哭了,急忙跑出来,才发现孙子喝白酒被辣着了,又急忙给他喝白开水。爷爷埋怨自己,竟然忘了把杯子放到高处去,这下把孙子给弄哭了。

可是第二天,爷爷喝酒的时候发现,贝贝再也不好奇地盯着酒杯看了。

第三天的时候,爷爷又试了一次,把酒杯放在桌子上,自己到厨房去躲着看,发现贝贝完全不去碰酒杯。因为贝贝尝试了一次之后,知道这个东西没有想象中那么好喝,于是没有了兴趣。

这就是体验带来的效果,爷爷告诉孩子,这个是白酒,很辣,不好喝。可是孩子眼里看见的是,爷爷喝得很开心。直到他尝试了之后,他才知道这个东西真的是辣的。

父母总是希望自己吃过的亏,孩子就不要再吃同样的亏了,恨不能把自己所知道的经验教训都告诉孩子。而告知孩子最简单的方式就是,把道理和经验说给孩子听。这个方式在孩子看来却变成了唠叨。

其实,要把经验教训告诉孩子,最有效的方法是想办法让孩子能体验到这些道理。只是帮助孩子体验,

需要父母刻意地制造场景,或者在孩子体验到的时候,及时给孩子解释,加深印象。这个方法比单纯的说话当然要复杂和麻烦。

父母也是人,也会不自觉地想要偷懒,所以大部分父母会变成说教式的教育。教育孩子,也需要选择最有效的方法。说教式的教育虽然最简单,但是效果最差,所以要多让孩子在体验中成长。

《儿童心理学》的作者让·皮亚杰说:真正的道德发展基于儿童自己对世界的观察,而不是成人讲授的结果。

让孩子体验到朋友间的矛盾,从而思考如何做决定;让孩子体验到每天的小成功,从而能从内心认可自己;让孩子体验到分享,是把一份快乐变成了两份;让孩子体验到表达自己,才能确定自己的想法或者改变自己的想法;让孩子体验到,要有爱心,而且要对正确的对象有爱心;让孩子体验到自己内心的需要,并且去追逐……

父母也会慢慢变得轻松,因为孩子已经学会了在体验中成长。体验带来思考,思考带来成长,孩子就会不断地超越自己,向着他心中的方向前进。